父母教练 | Parenting
推动摇篮的手推动世界

发现孩子的亮点

你会发现　亮点后面

孩子真心的笑脸

美国德州大学教育心理系博士
詹志禹 著

发现孩子的亮点

Finding Kids Shine

长江出版传媒 长江少年儿童出版社

目录

推荐序一	发现孩子的亮点，从同理心开始	6
推荐序二	正向的教导艺术	8
推荐序三	适性扬才，才是真教育	11
推荐序四	魔咒释放的一代	13
推荐序五	开展天赋，人生多美好	15
推荐序六	从思维寻找方向，从智慧得到力量	17
作者序	有咖啡味道的智慧之爱	19

1 寻找亮点 看见孩子的内在天赋

一个孩子就有一个亮点	29
百年之后，谁将留名？	35
坚持兴趣，叛逆有理	40
一样天才，两种命运	46
害怕成功的女孩背后	52
有一种孩子，值得等待	58
等待孩子的成就要等多久？	64

2 呵护亮点　实践有智慧的优质教养

育儿宝典，小心选错派典	73
错爱孩子的四种方法	78
延伸阅读　陈之藩谈"哲学家皇帝"	84
假日父母的亲子互动秘诀	86
你是"卫星导航"父母吗？	91
当心"我是为你好"	97
我家也有"爱因斯坦"	104
你要培养理性的孩子吗？	113
赞美的风险	119
哪种奖赏最管用？	125
拿手足互相比较的代价	131
孩子铸成大错，谁该负责？	137

3 点燃亮点　扩展教与学的新视野

找到心流就能学而不倦	145

你误解"教学"了吗?	151
你误解"建构学习"了吗?	157
我对数学的爱恨情仇	163
个案故事 数学差点毁掉作家三毛	168
为何大师培养不出大师?	170
你误解"创意"了吗?	176
个案故事 杰出发明人高发育先生	184
如何谋杀"爱因斯坦"?	188
个案故事 语文和数学差点毁掉画家毕加索	194
如何用回馈引导学习?	196
独学不如共学	202
尾声 陪年轻人寻找生命的主题	208

推荐序一
发现孩子的亮点,从同理心开始

吴静吉(台湾政治大学名誉教授,创造力讲座主持人)

三十年前的某一天詹志禹来找我,要我当他的硕士论文指导教授。就像他在撰写《亲子天下》的"家长咖啡屋"专栏一样,"习惯提前两至三个月完成初稿"。一进门,他便胸有成竹地表明准备研究"年级、性别角色、人情取向与同理心的关系"。在阅读了这本书后,我发现"性别角色""人情取向"与"同理心"三个构念一直是他关心的议题。《害怕成功的女孩背后》这篇文章是在反映他"性别角色"理念,他还拿自己当实验品,"硬是等我太太升等之后若干年才提升等",但他说他没有自卑感啊,证明了他真的是性别平等、刚柔并济的实践者。他遗憾的是,男尊女卑仍然存在我们的社会里。不断提醒读者,即使到了今天,许多父母、教育决策者与工作者,仍背负传统"人情取向"的包袱,例如父母"赌定孩子不忍伤父母的心,利用不悦、生气、伤心、忧郁、失望等情感操纵，胁迫孩子顺从建议"，于是他提醒大家，当心"我是为你好"的陷阱。

詹教授是个乐观、有智慧和同理心的正向思考者，他显然希望父母、教育决策者和工作者发挥同理心：寻找亮点——看见孩子的内在天赋、呵护亮点——实践有智慧的优质教养，和点燃亮点——扩展教与学的新视野。

例如，在《我家也有"爱因斯坦"》这篇文章中，他希望父母倾听孩子"述说各种疑问与想象"。在《假日父母的亲子互动秘诀》中，他提出"优质的亲子互动至少反映在五项指标：有笑意的眼神接触、有意义的符号交换、有善意的动作交换、有共同的合作建构、有正向的情绪分享"。这些秘诀都是同理心的基本元素，换言之，能设身处地、站在对方的立场，从倾听开始进行优质的互动，就是同理心的具体表现。读者可以心悦诚服、一气呵成读完《发现孩子的亮点》，然后细嚼反思，因为詹教授的确遵守了他撰写"家长咖啡屋"的初衷——"尽力保持每一篇文章都至少拥有一个问题、一个故事、一些证据、一个核心概念，和一个理论基础"。

推荐序二
正向的教导艺术

郑石岩（知名作家）

培养孩子的正向性格，是帮助他们拓展成功和快乐人生的钥匙。于是，心理学家马丁·塞利格曼（Martin Seligman）在本世纪开始发起了一个新的运动——正向心理学。他指出：人不只要改正个人的错误或缺点，更要找出自己的长处、美德、正向的情绪和生命的意义。教导之道就在于培养孩子的正向性格。透过家庭和学校组织，以善巧的方法，陶冶其健康的情绪，建构其长处和美德，发展生命的意义，让孩子能创造成功、快乐和美好的人生。

詹志禹教授所著《发现孩子的亮点》，可以说是一本指引父母和老师，有效教导孩子发展正向性格的好书。书中有丰富的教育新知与心理学知识，而且用浅白易懂的文字，能就近取譬指引教导的妙方和技巧。它很容易触动读者的同理，引发教导者的省思，从而产生正向的教导和启发机智，建构生动正向的学习情境和气氛。

我深信发现孩子的亮点，从中加以引导和协助，不但可以带来学习的兴趣，并能累积成功的经验，产生信心，孕育主动探索的心力，从中开启孩子的正向性格。我从事心理辅导及教育工作四十余年，特别是在成千上万晤谈个案中，发现他们的心理世界，满是曲折迂回的伤痕，而最多的沉疴是找不到亮点，找不到希望和意义。

相对而言，藉由过去丰富的行政经验，我也有机会碰到许多成功的科学家、学者、企业家或卓越的政府官员，有幸认真观察、了解他们的思考、创意、涵养、积极性和执行力。我发现这些成功的人士，都有着相当正向的性格，同时因着正向性格，他们的亮点渐渐开展，点亮了生涯和成功人生。于是，我归纳他们成功的因素如下：主动性和责任感、正面的情绪、创意思考和解决问题的能力、丰富的生活和工作经验、对生命意义的价值体验。

我从这五个成功因素里，各找出一个关键词，依序把它们凑起来，就成了"动情思生命"。我把它解释为：动起个人的真情去想想生命的真谛。我猛然想着《妙法莲华经》所说的譬喻：每个人就像花草树木一样，都能依他当下的资粮，开启出更美好的生命花朵，结出圆满的果子。换言之，每个人都因看出亮点，成就成功的人生；只不过许多人没有看到自身亮点，他的父母老师也没有为他指引出这个契机，从而使生命变得黯淡，变得颓废或枯黄。这样看来，发现孩子的亮点，从而发展出动、情、思、生、命五个正向性格特质，孩子的前途当然光明，人生自然幸福美好。

生活在今天这个快速变迁的社会里，知识有效性的半衰期不断缩短，生产技术和产品不断更替，经济和金融的跌宕有如波涛汹涌的大海，生活和工作的压力当然增加。在这样一个无常变化的世局里，教养的关键不是把孩子塑造成你现在认为很好的模样，而是要教他有着正向的性格，能不断面对新的情境，发挥思考和创意，去响应和解决问题；此外，更要有良好的弹性，能适应环境的变化，有耐性继续开展其成功的生涯。

我赞叹詹志禹教授的卓见，从发现孩子的优点着手，随着成功经验的累积，增长光明的视野，沃壮其正向的性格，有着更多长处和美德，从而开展美好的人生。詹教授传授的正向教导艺术，值得现代父母和老师们学习。

推荐序三

适性扬才，才是真教育

陈安仪（作家、人气亲子部落客）

阅读詹教授的新书《发现孩子的亮点》，只有"击节赞叹""点头捣蒜"八个字！从选择孩子的"育儿宝典"开始，詹教授的观点、看法，每一点都与我平日对教育的想法完全一致，再加上学有专精的教育基底，与博大广泛的社会案例，娓娓道来，更是具有说服力！

在知识爆炸、随手可取的现代，我非常认同：教育最重要的部分，就是"发现孩子的亮点"——适性、扬才。爱迪生、爱因斯坦、贝多芬……若是没有放到对的位置，如何发光发热？古往今来，是考试第一名的学生名留千古，还是发挥才能的人对社会贡献较大？

　　学问的灌溉，比不上引导孩子自觉；教、背、考的方式，早已经落伍、跟不上时代。就如同作者所言："科举考试历经千余年而亡，但考试的灵魂从未消散。"虽然很多人明白这个道理，但是一旦等孩子进入教育体系，面对每天大大小小的考试、竞争，父母便把"适性扬才"这四个字很容易地抛在脑后，于是，可怜的孩子便从此堕入升学考试的万劫深渊。

　　那么，"发现孩子的亮点"到底要怎么做？我们要如何做一对优质父母，善用适当的赞美、理性的判断、智慧的教育？本书不但提供了很多具体、务实的方式，让父母有所依循；而且以顺畅、易读的文笔，带领家长们进入深刻的思考空间。在此推荐每一位身为父母者，仔细阅读，必能有所领会。

推荐序四
魔咒释放的一代

黄哲斌（天下杂志特约记者）

美国文化圈有个名词Beat Generation，通常译为"垮掉的一代"。我爱开玩笑说，台湾五、六年级的中壮年是Beaten Generation，因为我们是"挨打的一代"，考试考不好，父母打完老师打，老师打完回家再打一顿。

我们这一辈的童年，赶上台湾竞争焦虑的顶峰，社会主调颂赞"台湾奇迹"，崇拜"竞争力与成长率"，整天把"亚洲四小龙"挂在嘴上，像是少女漫画芭蕾舞团的三角心机。反映在家庭生活与亲子关系里，"功利主义"挂帅，"分数与志愿"至上，人生想象被窄化，台大医学院与台大电机系成为单一价值下的新式状元。

岁月流转,当我们成为父母,一方面,台湾脱离清贫年代,相对具备自信,不希望自己还是"虎爸虎妈";一方面,时代落入另一种集体困境,高学历低成就、青贫族、闷世代,看着天花板似乎愈来愈低的后辈,不免生出新的焦虑。

上一代的教养方式太陈旧,下一代的生涯挑战又太新颖,夹在其间,爹娘们像是荒野苍茫,四顾心慌。

作为两名男孩的父亲,我以为,这本书不失为一种值得参照的坐标。作者詹志禹教授提醒我们:试着后退两步,欣赏孩子的小优点,并以鼓励取代施压;打破社会主流框架,发展多元潜质,让子女长出自己的模样,而非强加外力塑造;培养成熟独立的性格,比起分数或才艺更重要。

詹教授的观点,像是一种魔咒的释放,既释放了这一代父母的教养焦虑,也让孩子得以自主发展,在健康的生活土壤里,看见自己,活出可能,超越想象。正如书中这句话:"终究我们会发现:教养孩子与亲子关系,不是技术问题,而是人生观的问题。"

推荐序五
开展天赋，人生多美好

赵介亭

（绿豆粉圆的展赋之旅部落格格主、展赋教育文创执行长）

三年前我汇集了一群家长，调整自己的教养观念、改变亲子的互动模式、营造"同村共养"的教养环境，开始推动"优幼方案"：优质的幼年经验、合作的亲子关系。我们不再需要打骂、威胁孩子，和孩子的互动是平衡又和谐的，既可以放心地宠爱孩子，不用担心会宠坏他们；又可以放手让孩子为自己的身体、生活负起相对应的责任，培养孩子自主的能力。

和上百个家庭与孩子互动的经验当中，我强烈地感受到父母的教养模式与教育期望，将深刻影响着孩子的人生，也时常发现台湾的父母，很会找孩子的"缺点"。我们不需否认父母对于孩子的期待，然而"挑错式"的教养方式，却反而造成孩子在心理的匮乏与性格的偏差。

孩子接受学校教育后，亲子间的对话往往只剩下：功课写了没、考试考几分。虽然十二年来教育部门强调教育应该要适性扬才，但在家长和老师的观念改变之前，多数孩子仍然只能放弃自己的兴趣与天赋，去配合大人所制定的"游戏规则"，日复一日地在课本、作业、考试、分数、名次中浮沉。基于此种教育现况，我们除了申请"非学校型态实验教育"，也创办了"展赋教育文创"，提供三至十八岁的孩子，拥有开展天赋的宽广环境、丰富资源与机会舞台。

在詹志禹教授的著作《发现孩子的亮点》中，一再提醒身为父母或老师的每个大人，要从"亮点"的角度来珍视孩子，并留意自己对孩子过度或狭隘的期望，检视不合时宜的教养教育理论。正如英文书名《Finding Kids Shine》，若每个孩子都能找到自己的天命、发挥自己的天赋，这样的人生该有多美好！

推荐序六
从思维寻找方向，从智慧得到力量

施威良（佑佑皮皮.com亲子部落格格主）

有个故事是这样开始的……

爱迪生在学校常爱发问，老师招架不住，于是用很负面的字眼addled（臭蛋）称呼他。爱迪生的母亲毅然决定把儿子带回家自学，因为她看到爱迪生被忽略的"亮点"：充沛的创造和发明能力。从"点燃亮点"的那一刻起，改变了爱迪生的人生道路，成为日后举世闻名的"发明大王"。我们看到爱迪生的成功与努力，却常忘了他背后最重要的推手，是把"臭蛋"变"亮点"的母亲。

一个孩子发不发亮除了本身资质外，别忘记父母扮演的"星探"角色,这就是《发现孩子的亮点》这本书的核心精神。"亮点"不应只是成绩分数上的指针,如果我们懂得欣赏孩子人格特质方面的"亮点",例如:孩子是个乐观主义者、孩子是有同理心的人、孩子很爱沉浸在书海中、懂得体验美的事物,甚至孩子头上长了一副很会看人脸色的雷达等,那么孩子就是我们心中永远的"独一无二",这比考试得到"第一名"更值得父母感到骄傲。

从事少年工作已约十年,工作场域中遇到的孩子多属非行少年[1]为主,因此工作中往往需要运用高度同理与专业职能;然而面对自己的孩子,我是个一直在摸索的生手,在亲子互动中笑泪前进,在跌倒与反省中定位父亲角色。教育孩子绝对不是"方法论",也不是行为学派眼中"给予A就有B"的因果反应。这正是我长期以来喜爱阅读詹教授专栏文章的原因,他的文章有别于一般教养书中僵化的、教条式的育儿SOP,提供有智慧的育儿观念乃至生活中实践的可能,让养儿育女的混沌道路,找到更清幽的智慧小径。

附注

1. 又称"虞犯少年",日本少年法和犯罪学上的习惯称谓。

作者序
有咖啡味道的智慧之爱

"家长咖啡屋"的由来

爱情关系如酒,充满浪漫,让人陶醉、晕眩。

师生关系如果汁,充满多样的选择,让人营养、健康。

亲子关系如咖啡,有甘有苦,有奶有糖,有甜蜜有负担,让人浪漫中不失理性,半夜中犹保清醒。

友情关系如水,清淡自然,涓涓细流,山高水长。

水无所不在,故酒中有水,咖啡中有水,果汁中有水,所有饮料中都应该有水;正如爱情关系中有友情,师生关系中有友情,亲子关系中有友情,所有关系中都应该有友情。

爱情关系若缺乏友情将只剩激情,正如葡萄酒只剩酒精;师生关系若缺乏友情将只剩讯息传输，正如苹果汁只剩维他命；亲子关系若缺乏友情将只剩权威和禁令，正如一杯曼特宁，只剩苦涩的咖啡因。

本书内容主要来自我为《亲子天下》撰写的专栏"家长咖啡屋"，我希望这几杯咖啡可以帮助父母在浪漫中不失理性，且不必在半夜中保持清醒。

1850结界游戏

《亲子天下》何总编邀我撰写专栏时，跟我说："一篇专栏能容纳的篇幅上限大约是1850字。"从此，我和1850展开艰苦的奋斗。

写科普性质的文章和写学术论文大不一样，前者讲究意义、创意、趣味和可读性，后者讲究证据、方法、论述和系统性。我写这个专栏，习惯提前两至三个月完成初稿，将文章封入档案夹，透过时间拉开我和文章的距离，以便跳脱作者的观点，再重新以读者的观点审视作品。因为每篇初稿通常远超过1850字，所以我必须删修精炼，牺牲系统性论述，但尽力保持每一篇文章都至少拥有一个问题、一个故事、一些证据、一个核心概念，和一个理论基础。

这个奋斗历程,让我回想起很久以前,我和家人去平溪和石碇郊游,看到一群年轻人舍弃宽平的大马路,走在废弃的铁轨上,歪歪扭扭,甚难平衡,但逸趣横生,山谷中回荡着活力的笑声,我当时突然深刻体悟:宽平自由的大道未必有趣,拥有适当的难度、限制和失败的可能性,反而更具趣味和挑战性。

1850这条铁轨,让我走得痛快:痛苦中有快乐,辛苦中有心流(flow)。

常识、知识与故事

许多人没有结婚,才敢担任婚姻顾问。许多人没有生孩子,才敢畅谈亲子教养。一旦结了婚或生了孩子,反而变得沉默。

也有许多人是当了父母之后才学会做父母的,因为实战经验丰富,反而变得喜欢发表或分享。

没有经验的理论是空洞的,没有理论的经验是盲目的。

人类曾有数千年以上的历史,凭着观察或体验,认定太阳绕着地球转,以为心灵在心脏,或认定精神病是鬼魂附身。

小时候,大人告诉我:细腰蜂将昆虫拖进它的巢内加以催咒,昆虫就会变成它的小孩长大。我观察细腰蜂将昆虫拖进巢后,的确会发出嗡嗡的声音宛如催咒,几周后的确会有小蜂飞出,所以我对这个说法深信不疑。直到上学后从生物课上才知道:细腰蜂只不过是将那些昆虫拖进巢内储存,作为它孩子的食物。

有一位老祖母非常笃信神明,经常带着她那读中学的爱孙去庙里拜拜、求香灰,回到家里,就叫孙子拿香灰去冲开水喝掉;孙子拿了香灰就乖乖离去,喝完水后进房间继续读书。皇天不负苦心人,两三年后孙子终于考上了一所明星高中,老祖母欣悦地说:"XX公真灵!他的香灰真有效!"

不久后,祖母离开了人世,父亲继续带这位读高中的儿子去庙里拜拜、求香灰,并要求儿子依照惯例喝掉香灰。没想到,儿子带着父亲进书房,拉开一个抽屉,掀开一本书,底下藏了三十几个香灰包。儿子告诉父亲:"这些都是多年来祖母要我冲开水喝掉的香灰,其实我都只是做个样子,然后喝掉开水,进房间顺手把香灰藏在这里。爸爸!香灰中含有重金属和有毒化学物质,我不想喝,我是不忍伤祖母的心才骗她,但我不想在高中三年仍继续骗你!我每天用功读书不是因为喝了香灰,而是因为我知道你们对我的爱。"

Preface 作者序

　　天真地观察，只能形成直观的常识；主观的经验，经常造成错误的判断。常识与主观判断，都要等待知识的修正或推翻。但即使在自然科学领域里，有很多人努力推展科普书籍，仍有科学哲学家估计：以专家知识替代错误观念，并转化成为社会常识的时间迟滞，至少需要三十年。其实看看媒体，看看神坛，看看算命节目，就可以知道三十年是非常乐观的估计。

　　知识来自于理论与方法的辩证，而科学方法的特性通常包含逻辑、系统性和知识脉络。听过这个故事吗？有一个人说："我能证明蚱蜢的耳朵长在脚上面。"他抓了一只蚱蜢放在桌上，然后大声拍掌，结果蚱蜢吓得跳离桌面。他再把蚱蜢抓回桌面，折断它的脚，然后大声拍掌一下，结果蚱蜢动也不动。这个人说："你看到了吧？它不动了，它听不到我的掌声了，这证明它的耳朵长在脚上面。"你听完之后，是不是会脸上出现三条线？觉得这个逻辑很荒谬？是的！大胆假设很容易，小心求证很困难。知识不只是整合理论假设与个人经验，还要注重科学方法与学术专业。

　　可惜的现象是，台湾近年来的学术界，在顶尖大学计划的推波助澜之下，学术论文出产很多，却与本地问题或生活实践脱节。以教育领域来说，极少部分的家长和中小学教师，会透过阅读学术论文作为教育实践的参考，往往不是遇到方法论（尤其是统计分析）上的门坎，就是遭逢英文阅读上的困难。

本书期待将常识和知识的时间、距离拉近一些，所以撰写时尽量采取下列"五少五多"原则：

·少谈论空泛常识，多介绍专业知识。

·少倚赖主观判断，多取经学术基础。

·少卖弄专业术语，多采用日常用语。

·少列举自家例子，多采撷广泛案例。

·少论述空洞原则，多穿插有趣故事。

本书的故事不是用来证明，而是用来说明，并且期盼能促进理解、增加趣味和强化记忆。故事真假难辨，因为即使采用真实故事，也必须姑隐其名、变换时空或改头换面，避免有人对号入座，但尽量保留意义的真实。

此外，在考虑专业基础及著作名分之下，为了兼顾文章的可读性，本书将每篇文章的文献引用和英文名词附注，尽量控制在各不超过一条。

智慧之爱

从常识到知识，从知识到智慧，都各有一段距离，其间宛如渐变的光谱。知识可能偏重方法（包含技术、策略或工具），智慧却必须反省目的，必须整合知识与价值。没有方法之目的是空想，没有目的之方法是盲动。父母教养孩子，不只需要具体有效的方法，更需要从人生观和价值观去反思自己所做的各种抉择与行动，因为每一个抉择与行动都有潜在的价值，也都有潜在的风险。小至"带孩子到溪边郊游，你要鼓励或禁止他玩水"，大至"陪孩子考大学填志愿，你要鼓励或禁止他选填一个有兴趣但却冷门的科系"，这类问题不可胜数，且都不是一个单纯的技术性问题，所需抉择都不知不觉揉合了某些知识与价值观，而每个抉择，却可能成为影响孩子一生的关键。

本书有些篇章探讨的问题，其解决之道偏重知识，例如：

·坊间育儿宝典很多，该怎么选择？亲子相处时间很少，该怎么互动？

·为什么有的孩子主动，有的孩子被动？有的孩子讲理，有的孩子蛮横？

- 为什么有些孩子害怕数学？有些女孩害怕成功？
- 为什么有些手足和乐融融，有些相互视如寇仇？
- 赞美孩子有何风险？奖赏孩子有何后果？最佳回馈是什么？
- 你误解"教学"了吗？你误解"建构学习"了吗？你误解"创意"了吗？

有些篇章探讨的问题，其解决之道偏重智慧，反映了父母的人生观与价值观，例如：

- 相信"小时了了，大未必佳"或"三岁看好，七岁看老"？
- 假如你的孩子才二十岁，就从世界名校毕业，平步青云，你放心了吗？
- 若他四十岁了，仍然寻寻觅觅，一事无成，你会失望吗？
- 若他六十岁了，仍然功名全空，犹如梦中，你会绝望吗？
- 人人百年之后，一抔黄土，谁将留名？父母为孩子，要在意一时或放眼千秋？

平心而论，我觉得追求真善美的孩子，终究是人才，父母不妨耐心等待；即使等到入棺材，仍不妨放宽胸怀，这就是智慧之爱。

寻·找·亮·点
看见孩子的
内在天赋

一个孩子就有一个亮点

最后一名的孩子不是一无是处，他只是光点隐晦，没被发现；当他有机会在小领域获得肯定，才能产生正向月晕效应，照亮其他地方。

只要有成绩排名，每个班级就会有最后一名，这是成人世界造就的宿命。

某个小学低年级的孩子在班级里总是排最后一名，他上课时非常文静，老师发问时总是没有反应。老师虽然心有不忍，却不知该如何帮助他，心底暗自怀疑这名学生也许智能不足。有一天，老师进行家庭访问，意外发现这个孩子在家中其实挺活泼乖巧，完全没有智能不足的征兆，只是家庭经济状况不佳，父母都很忙碌，没有时间照顾孩子。某天下课后，老师路过操场，无意间发现这个孩子非常会荡秋千，荡得又高又稳。老师灵机一动，打算举办一场荡秋千比赛。

发现亮点：来个荡秋千比赛吧！

经过活动设计、安全防护、技巧练习、器材检验、规则讲解等各种准备过程之后，比赛终于热烈展开。不出所料，这个孩子一路过关斩将，直到拿下冠军，被其他同学视为英雄。这个比赛让他在学校中第一次绽放出笑容，有点得意，又有点腼腆。

说也奇怪，从这次事件之后，他的学业成绩竟然逐渐好转。刚开始从体育、艺术等领域，后来慢慢扩展到数学、自然，几乎每一科都在进步，甚至连人际关系也逐渐改善。

所有孩子都透过他人的肯定来发展自我的肯定。如果孩子觉得自己一无是处，这是一个重大问题，若置之不理，更会从心理问题发展成社会问题。遇到这样的孩子，家长与老师可以共同做一个"寻找亮点"的练习，也就是：帮助孩子至少找一个亮点，创造一个成功的机会。

例如：如果孩子的数学不好，那语文（英文、中文）如何？表达能力不好，倾听能力如何？作文不好，阅读兴趣如何？论说文写得不好，小说故事写得如何……？

1. 寻找亮点
看见孩子的内在天赋

如果语文都不好，科学如何？物理、化学都不好，生物学如何？生理学不好，生态学如何……？

如果科学都不好，艺术如何？音乐不好，绘画如何？绘画不好，演戏如何？演小生不好，演老生如何……？

如果艺术都不好，人际关系如何？领导能力不好，助人倾向如何……？

如果社会人际都不好，运动如何？篮球不好，赛跑如何？赛跑不好，游泳如何……？

这个"寻找亮点"的练习，可以无穷无尽，它的秘诀就是领域特定、领域分化和多元智能。不要轻易放弃一个领域，因为领域中还有次领域，次领域中还有次次领域……我见过很多人不会游自由式却很会游蛙式，不会唱情歌却很会唱军歌，不会画素描却很会画国画，不会打篮球却很会打桌球。这个现象就叫作"领域特定"（domain-specific）。

奇怪的是，孩子一旦在某个小领域受到肯定并得到成功，他就会将成功经验扩散到其他领域。这并不是技能的类化，而是当他建立自信、赢得尊严之后，对其他领域的学习也开始恢复动机和信心。

扩大光晕：从养宠物到体贴人

我见过一个大约十岁的孩子，学校成绩科科低落，就连打躲避球也无精打采，经常受到老师冷落与同学奚落。他的导师打电话给家长，家长抱怨：这个孩子都不写功课，对读书毫无兴趣，只会养宠物，家里养了一些猫、狗、蜥蜴和天竺鼠，简直把家变成一个动物园。导师听了之后，将孩子的长处记在心里。

恰巧班上配合自然科课程，在教室里养了兔子和一些孔雀鱼，有的同学怕兔子大便很脏，有的同学会伸手进鱼缸捞鱼，让老师很头痛。于是导师宣布：让班上最懂宠物、最善于照顾宠物的人，来担任宠物管理员，其他同学都必须听他指挥。

不出所料，这个职位当然是由这个"宠物经"一大堆，活像个动物小百科的孩子来担任。他每天悉心照料宠物们，把兔子和孔雀鱼照顾得活泼又健康，让其他同学非常佩服。原本在学校无精打采的孩子，自此以后，眼神开始明亮，对学校不再疏离，对各科功课竟也开始用心。

每个孩子只能有一个亮点?

不!一个亮点只是一个起点,一根杠杆的支点,就像一把钥匙打开秘密花园之后,往往后面还能看到百花齐放。原因在于,孩子除了恢复学习动机和信心之外,他还能利用这个强势智能来提升弱势智能。例如:利用体贴宠物的智能来练习体贴他人;利用照顾宠物的知识来拓展动物学、生物学,甚至医学知识;利用观察宠物的技巧来观察自然、生态,甚至万事万物。这就是"多元智能"(multiple intelligence)教育的核心观点之一。

然而,"月晕效应"(halo effect)毕竟有限,周围晕轮也会比中心亮点黯淡很多。换言之,大部分的人都只有少数一、两项智能特别突出,其他智能虽可进步,却要甘于平凡,这也是多元智能理论的核心观点之一。例如:爱因斯坦(Albert Einstein)的强势智能在数理、毕加索(Pablo Picasso)在空间、艾略特(Thomas S. Eliot)在语文、葛兰姆(Martha Graham)在舞蹈、达尔文(Charles R. Darwin)在自然观察、甘地(Mahatma Gandhi)在人际智慧、弗洛伊德(Sigmund Freud)

在自我理解、莫扎特（Wolfgang Amadeus Mozart）在音乐等等；但他们在其他方面的智能都相对弱很多，若要求爱因斯坦去跳舞、毕加索去做实验、达尔文去做政治改革、甘地去写歌，并期待他们都有杰出的表现，那就不是培育人才，而是赔掉人才。家长和老师若过度贪心，往往替孩子召回挫败感受，抵消成功经验。偶尔挫败，可以增强挑战性；若经常失败，就会导致逃避与放弃。

每一个孩子即使不是一颗星星，也应该是一只萤火虫。有亮点，才有起点，才可以照亮黑暗、产生正向月晕效应。

 附注

本书使用第三人称代名词"他"时，将不指特定性别，而泛指人类个体。

1. 寻找亮点
看见孩子的内在天赋

百年之后，谁将留名？

你还在问孩子考试考几分、第几名吗？这些分数、名次，在十年、百年后，能为孩子的人生和社会带来什么意义？

这是一个寻宝游戏：下列姓名是元、明、清三代的人物，请将你认识的人名圈选出来，不限人数，但必须能说得出他们对当时社会或后代人类文明的贡献。人名如下：

呼图克岱尔、宝宝、孙贤、秦鸣雷、张起岩、杨軏、黎淳、李春芳、关汉卿、赫德溥化、王一夔、唐汝楫、忽都答儿、张栋、彭教、陈谨、霍希贤、吴伯宗、罗伦、诸大绶、泰不华、丁显、张升、丁士美、宋本、任亨泰、吴宽、申时行、八剌、黄观、谢迁、范应期、张益、张信、曾彦、罗万化、阿察赤、陈郊、王华、张元忭、李黼、吴承恩、李旻、孙继皋、笃列图、韩克忠、费宏、沈懋学、王文烨、胡广、钱福、张懋修、同同、曾棨、毛澄、朱国祚、李齐、林环、朱希同、唐文献、拜住、萧时中、伦文叙、焦竑、陈祖仁、马锋、康海、翁正春、普颜不花、陈循、顾鼎臣、朱之蕃、张士坚、李骐、吕枏、赵秉忠、阿鲁辉帖木儿、曾鹤龄、杨慎、张以诚、王宗哲、刑宽、唐皋、杨守勤、朵烈图、马愉、舒芬、黄士俊、文允中、林震、杨维聪、韩敬、薛朝晤、曹鼐、姚涞、周延儒、罗贯中、周旋、龚用卿、钱士升、牛继志、施盘、罗洪先、庄际昌、倪征、刘俨、林大钦、文震孟、王宗嗣、商辂、韩应龙、余煌、买住、彭时、茅瓒、刘若宰、魏元礼、柯潜、沈坤、陈于泰、刘理顺、赵熊诏、曹雪芹、李承霖、刘同升、王世琛、汪如洋、龙启瑞、魏藻德、王敬铭、钱棨、孙毓溎、杨延鉴、徐陶璋、茹棻、萧锦忠、傅以渐、汪应铨、史致光、张之万、吕宫、邓钟岳、胡长龄、陆增祥、刘子壮、于振、石韫玉、张鏊、邹忠倚、陈德华、潘世恩、孙如仪、麻勒吉、彭启丰、王以衔、翁同龢、史大成、周澍、赵文楷、孙家鼐、图尔宸、陈㤚、姚文田、钟骏声、孙承恩、金德瑛、顾皋、徐郁、徐元文、于敏中、吴廷琛、翁曾源、马士俊、庄有恭、彭浚、崇绮、严我斯、金甡、吴信中、洪钧、谬彤、钱维城、洪莹、梁耀枢、蔡启僔、梁国治、蒋立镛、陆润庠、韩菼、吴鸿、龙汝言、曹鸿勋、彭定求、秦大士、吴其浚、王仁堪、归允肃、庄培因、陈沆、黄思永、蔡升元、蔡以台、陈继昌、陈冕、陆肯堂、毕沅、戴兰芬、赵以炯、沈廷文、王杰、林召棠、张建勋、戴有祺、秦大成、朱昌颐、吴鲁、胡任舆、张书勋、李振钧、刘福姚、李蟠、陈初哲、吴钟骏、张謇、汪绎、黄轩、汪鸣相、骆成骧、王式丹、金榜、刘绎、夏同和、王云锦、吴锡龄、林鸿年、王寿彭、蒲松龄、戴亨衢、钮福保、刘春霖。

上述人物，你认得几个？

我曾经请大学生在这两百四十个人名当中寻宝，结果第一名是《红楼梦》的作者曹雪芹，大约可被93%的人辨认出来；其余还有《聊斋志异》的作者蒲松龄，86%；《三国演义》的作者罗贯中，77%；元曲（如《窦娥冤》）作家关汉卿，74%;《西游记》的作者吴承恩，58%。至于其余人名，大学生们几乎都不认识，但我不厌其烦把他们都罗列出来，是因为其余那些人名，全都是元、明、清三代的状元，全都是科举考试的年度总冠军。但其中只有少数人至今能被辨认出来：翁同龢，9%；孙家鼐，2%；申时行，2%；杨慎，2%，其余人名大学生皆一无所知。

与科考无缘但名垂千古的人

我们来看看被大学生辨认出来的五个人吧。

关汉卿，生于元初，有"东方莎士比亚"之称。蒙古民族当时初掌政权，为防汉人进入统治阶级，停止科考八十余年。而关汉卿个性狂放不拘、多才多艺，他藉由戏曲杂剧的创作来嘲讽苛政、揭发民怨，故终身不屑仕进，从未对科举存有幻想。

罗贯中，生于群雄并起之元代末年，他置身"书会"，创作杂剧，藉由说书人之口倡导王道、正统、甚至革命思想，自然不可能参与朝廷牢笼人才的科举。

吴承恩，生于明代中叶，当时朝政乱权、社会衰败之兆已现，科举弊端甚多。吴承恩幼时便能一目十行、过目成诵，名震乡里，但随后一生屡试屡败，父母先后遗憾而终，他却在创作中找到自己真正的天命。

蒲松龄，生于清初康熙年间，他曾经少年得志，于县、府、道三试第一，闻名于诸生之间。不料之后屡试屡败，一生仕途坎坷，直到老年，遗憾离世，命运竟极似吴承恩。他的诗作道尽科举不公、仕途挫折之怨；他笔下的聊斋故事，至少有七篇是在嘲讽或批判科举制度。

曹雪芹，生于清初康熙年间，在十三岁时，曹家被雍正皇帝查封，家道中落，他被迁入京，过着吟诗作画、饮酒听曲、隐逸于市的生活。他个性风雅脱俗、傲骨嶙峋，对科举、官场和权力斗争表现出极大的蔑视，终身拒绝应试或出仕，他笔下的贾宝玉更是厌恶科举闻名。

上述五个人全都是考试的无缘者、拒绝者或失败者。但比起其他两百三十五个状元，谁对人类文明比较有贡献？

孩子放学回家了，父母的第一声招呼还是问"今天你在学校考几分"吗？身为父母的眼光，有没有可能从一年伸展到十年？从十年伸展到百年？

❖ 附注

本研究资料搜集曾受台湾科学委员会 NSC96-2413-H-004-007-MY2 经费支持，特此致谢。

坚持兴趣，叛逆有理

1960年代，《野鸽子的黄昏》作者王尚义沉醉于文学与艺术，却为家人期望而念完医学系，毕业不久便因病早逝。

要是当年的他更叛逆一些，也许今日台湾就多了一位伟大的文学家……

在台湾"处变不惊"那个时代长大的青少年，对于《野鸽子的黄昏》一书应该不陌生。该书作者王尚义，原本就读台大医学系，因沉醉于文学与艺术，大一时曾决定转系，却因顾及家人期望而未能实现。虽勉强读完医学系，但参加过毕业典礼，就因病住进台大医院，不久即辞世，享年二十七岁。

王尚义的作品深刻反映了年轻人的苦闷与彷徨，并对当时的社会做出冷静的批判，曾被列为禁书，却因此更受社会青年和学者们的瞩目。王尚义在当时象征了受挫的梦想与受苦的青年,他短暂而闪亮的生命,让60年代的青年非常惋惜;很多人宁愿他更叛逆一些,也许今日台湾就多了一位伟大的文学家。

生涯选择谁作主?

随着时代进步,悲剧减少,但惆怅仍在。我听过一个真实案例,有位医学院高材生取得学位后,立刻到欧洲转攻艺术史,他对父母说:"我已经用三十年的岁月完成你们的期望,今后我要追求自己的梦想。"

有一天,我在校园内走进电梯,遇到一位会计系的大二学生,她准备去申请就读"师资培育学程"。我微笑着问:"你有兴趣当中学教师吗?"她淡定而清楚地回答:"没有。我喜欢的是商业,但我妈妈要我去申请,因为她认为女孩子很适合当老师。"我沉下脸来,应了一句:"你都已经是大学生了,应该自己决定自己的命运。"我希望她叛逆一点,将来社会少一个平凡的教师,多一个杰出的会计师。

有些父母甚至帮孩子决定找哪一种职业。曾经有一位母亲带着刚从美国拿到社工硕士学位归来的女儿来找我,希望我帮忙介绍一些有关教职的相关法规与就业机会。我问这位女儿说:"你喜欢教师这个行业吗?"妈妈立刻回答:"是的,她喜欢!"我再问女儿说:"你希望教哪一个科目?"妈妈立刻回答:"她想教英文!"从头到尾,每一个问题都是妈妈代答,我终于耐不住性子,说了一句:"可以由你女儿自己回答吗?"一个将近三十岁的留美硕士,竟然还是由妈妈支配生涯。我希望这孩子叛逆一点,将来社会少一个平凡的教师,多一个杰出的社工师。

我们可以理解,如果逼张大千去学医,逼余光中去学工程,逼李远哲去当律师,华人社会很可能多了三个平凡的医师、建筑师和律师,却少了三位杰出的画家、诗人和科学家。我们也知道,如果逼老鹰去学游泳,逼海豚去学跑步,逼花豹去学飞翔,生物世界只不过多了三具冰冷的尸体,却少了三名杰出的飞行高手、游泳健儿和跑步猛将。然而,许多父母却常根据下列理由,强迫孩子选择生涯:

• **刻板印象**:例如依据性别刻板印象强迫儿子读理工、做医师、做工程师;强迫女儿读文科、做教师、做护士等。

- **市场导向**：例如强迫孩子选择热门领域（包括计算机相关科系等），或强迫孩子去考公务员，因为公务员职业稳定且退休金优渥等。
- **亲业子承**：有些医生世家、教师世家、企业世家或政治世家等，虽不再"指腹为婚"，却可能"指腹为业"，在孩子尚未诞生前就已经期望他继承家业。还有一些父母非常满意自己的职业，也会强迫孩子选择父母所从事的领域。

父母的五迫三思

父母强迫孩子做选择的手段上百种，最常见者包括：

- **强力说服**：死缠烂打，日月唠叨，直到孩子顺服为止。
- **资源诱惑**：以金钱、房子、汽机车等财物作为交换条件，要求孩子听从"建议"，才给资源。
- **情感胁迫**：赌定孩子不忍伤父母的心，利用不悦、生气、伤心、忧郁、失望等情感操纵，胁迫孩子顺从"建议"。
- **道德胁迫**：暗示或直接告诉孩子："你如果不听我的话（去读XX或去考XX），你就是不孝。"

·**权威胁迫**："你就是照我的话去做！其他的不必说了。"

这些父母大多在心里面认为："我是为你好""兴趣哪能当饭吃""我走过的桥比你走过的路还多""你站在我的肩膀上，人生可以少奋斗一半"。

但如果你是父母，可能也要思考下列观点与事实：

谁选择，谁负责：你强迫或代替孩子做决定，孩子将来的成败会要你负责。要是成功那还好，若是失败会怪你一辈子。

有兴趣，比较可能兼得成功和幸福：过去曾有大量的文献研究杰出创造性人物的共同特征，发现在不同工作领域之间很难找到共同的知识或技能，但发现有创造力的成功人士们，都喜欢自己从事的领域，热爱自己的工作，全心投入到达废寝忘食、近乎上瘾的程度。他们投身的领域市场也许很冷门，但因为够杰出，个人市场就变得热门。

未来世界，既复杂又多变：利用我们过去的经验预测未来的趋势，连趋势大师都常常变成事后诸葛。生活在 1940 年代的人们，谁预测到 1970 年代之后的信息科技天下？国际上有许多机构，例如英国的"创意、文化与教育中心"

（Creativity Culture and Education, CCE）就常常提醒我们：今日孩子在未来所要从事的职业，尚有60%未被发明出来。

父母虽然不宜强迫或代替孩子做生涯抉择，但可以协助孩子的事情仍然很多。例如：提供多元探索的机会，协助孩子辨认自己的长处与强势智能，分析问题、条件、趋势、得失与价值观的多面性，让孩子在深思熟虑之后有机会自我决定、自我实现。

发现
孩子的亮点

一样天才，两种命运

三岁会拼字、六岁能说四种语言、一入小学就连跳七级课程、十一岁就读哈佛，赢在起跑点的天才从此人生灿烂吗？什么才是导致人生命运大不同的关键？

你认为"小时了了，大未必佳"？或相信"三岁看大，七岁看老"？

我们来看看下面这则个案故事。

S生于一八九八年，是一对俄国夫妇移民美国的后裔。父亲是心理医学博士，精通英语、俄语。由于父亲极为崇拜美国哲学兼心理学家威廉·詹姆士（William James），深受行为主义影响，相信后天环境决定一切，坚信只要给儿子正确而有效的教育，就可以将儿子塑造成天才。因此，S从幼儿时期开始，父亲就严格教育他，绝不容许他有和同侪嬉戏的机会，避免他"浪费时间在愚蠢的事物上"。

1. 寻找亮点
看见孩子的内在天赋

S不负父望，天赋极佳，三岁前就能拼字及阅读，六岁前就能阅读俄、德、法、英四种语言的书籍。进入小学后，他在六个月之内连跳七级课程。他父亲觉得小学教育太缺乏效率，就将S留在家中教育两年，并协助S在八岁时进入布鲁克林（Brooklyn）一所贵族式中学。三个月后，再度将S携回家中教育两年。

父亲发明了很多颇具巧思的教法与教具，让S在十岁时就学会代数、几何、三角测量和微积分。经过父亲不断争取，终于让儿子在十一岁时以特殊学生身份就读哈佛（Harvard）大学，成为哈佛有史以来最年轻的学生之一。父亲非常得意，他证明了自己多年来的教育方法很成功，所以在1911年写了一本《庸才与天才》（Philistine and Genius），攻击当时的教育方法与制度。他向媒体侃侃而谈自己的教育哲学、教学方法与儿子的成就，毫不犹豫地将儿子推向媒体的焦点。

上了哈佛，便看好未来人生？

S以十一岁的年纪，在"哈佛数学社"做了一场有关

"第四向度"的演讲，登上了《纽约时报》（The New York Times）头条新闻。他在十六岁时成为哈佛有史以来最年轻的学士，再度被《纽约时报》报导。

他从一流大学毕业了，从此可以看好未来人生了吗？

后来，他先后两度进入哈佛的研究所，攻读数学和法律，前者是他的天赋，后者可能是他想逃离父亲的规划，但他这两个学位都没有拿到。

他在1919年参加了波士顿共产主义者的游行，遭到逮捕与判刑。消息曝光后，媒体称他为"激进主义者"，纷纷报道"哈佛天才被判刑""年轻天才有麻烦了"。还好他是初犯，麻烦不大。有趣的是，他这行动表现了叛逆与社会关怀，宛如迟到的青春期。媒体的幸灾乐祸，则反映了当时一种大众心理："逮到你了，天才也会犯错，天才不一定成功，凡人也不一定失败，我们凡人可以松一口气了。"

经由哈佛业师的介绍，S进入莱思（Rice）大学任教，可惜工作并不顺利，并惹上了一些责任问题，所以他改做低阶神职人员，并极力躲避媒体。他逐渐变成一个充满怨恨和幻灭的青年，他责怪父亲决定自己的学业生涯发展，同时又渴望家庭情感的支持。但他父亲对他非常失望，气他不知感恩，甚至与他切断亲子关系。1923年，父亲去世，S拒绝出席葬礼，父亲则拒绝在墓志铭提他，仿佛不曾有过这么一个儿子。

当媒体记者发现少年天才S只是一个神职人员、每周仅赚二十三美元时，再度为平凡人感到安慰。1924年《纽约时报》的用语是"天才穿得很破烂""平凡孩子的父母应该觉得安慰"。这么落魄的天才，在知识和智力方面有退化吗？没有！他在1925年到1926年出版了两本学术专著，一本关于数学，另一本则关于科学哲学，深入批判唯智主义，等于批判他自己的人生发展轨迹与他父亲的教育哲学。

由于个性害羞，S继续躲避媒体，保护隐私，但媒体却不放过他。1937年，《纽约客》（The New Yorker）再度追踪到他，以"四月愚人节"为名，重挖"这些天才在干吗？"报导S过着穷困潦倒、不断更换工作的生活，并且暗示S的人格不正常。S非常愤怒，对《纽约客》提出"诽谤和侵犯隐私"的诉讼，可惜败诉；他又诉讼其他错误报导，也只能以和解收场。

教养方式不同，人生大不同

1944年，S去世于布鲁克林的寄宿房子，失业、生活穷困潦倒。媒体纷纷报道"失败的天才""隐藏的天才"。他的真名是威廉·詹姆士·西迪（William J. Sidis），看这名字就知道他父亲对威廉·詹姆士的哲学是多么崇拜。

与西迪同一时代的数学天才诺伯·威纳（Norbert Wiener），同样提早入学、连连跳级，年纪轻轻进入哈佛，却顺利成为世界级数学大师，关键何在？

威纳父亲对儿子的要求也极严格，但非常小心不让威纳自傲或自以为天才。也不让威纳曝光在媒体上，而让他有较多机会与同侪互动，而且父子间长期存在一种护持与关爱。此外，威纳有结婚，妻子也提供了强烈的情感支持。

西迪极有天赋，他父亲的教学方式对智性发展也非常有效；但他父亲高度的规划、控制与支配性，母亲角色的缺乏，青春期的空白与迟来，情感发展、同侪互动与社群隶属感的缺乏，媒体曝光与压力，危机时刻缺乏家庭支持等因素，都是这出悲剧的元素。尤其他父亲的支配性控制，变成西迪反叛与逃离的主题，宛如电影《星际大战》（Star Wars）中，天行者路克（Luke Skywalker）极力逃离银河帝国的控制，最后却在与帝国首领的对战中发现，这个首领其实就是自己的父亲。

附注

本文关于西迪数据，参考自：Montour, K. (1977). William James Sidis: The broken twig. American Psychologist, 32 (4), 265-279.

害怕成功的女孩背后

父母尽力栽培女儿追求成功,但能不能同样支持媳妇追求梦想?太太很有成就,先生能否引以为荣?每个成功男人背后都有一个伟大的女性,但每一个害怕成功的女人背后,却有一堆来自家庭、学校与社会的障碍。

1980 年代末期我在美国留学,有一天,一位攻读硕士的华人女同学很困扰地问我:"接下来,我不知道该不该继续申请博士班?"我问她:"你犹豫什么?"她说:"我担心读了博士班之后,嫁不出去!"

听到女同学回答的当下,我很讶异!虽然,我早年曾经观察到颇多优秀女同学,囿于社会刻板印象而放弃追求成就,但在进入非常民主化的 80 年代,在极为讲究女权的美国社会,在攻读高学位的顶尖女留学生族群里,依然存在畏惧成功的隐忧。

为何"女尊男卑"特别难接受？

回来任教之后，我观察到许多女大学生，无论是在智力、学业成绩或个性等方面，都比她的男性同侪来得优秀，但却害怕成功、缺乏成就抱负，以至于毕业之后放弃自我实现，让人感觉殊为可惜。有些女生即使敢于追求梦想，却必须辛苦对抗阻挡的阴影或面对寂寞的命运。

有一位年轻妈妈，她已经具备硕士学位，但对于学术研究很有兴趣，非常渴望攻读博士学位。她先生只有硕士学位，也不想再读博士，所以非常反对太太考博士班，不断设法阻挡，甚至在太太搭出租车赶赴博士班招生口试的最后几分钟，还打电话给太太，借口说自己忘了带钥匙进不了家门，要太太立刻折返回家帮他开门。

有很多优秀的中小学女校长，不约而同向我说过同样的故事：她们都早在几年前或甚至十几年前就考上候用校长，但不敢公开让别人知道，也不敢正式出任，因为她们的先生都是教师，担心先生难为情或自尊受损，必须等先生也考上校长，自己才敢发布讯息或接受就任。无奈有些先生考了很多次都考不上，压力很大，太太就必须保持低调，年年静等。

吴静吉老师曾跟我说过，他听过很多对大学教师夫妻，太太升等为教授，但先生仍为副教授，结果婚姻就开始产生冲突与变质。我听了之后深不以为然，心想：有这么严重吗？于是决定拿自己当实验品，硬是等我太太升等之后若干年才提升等，但那几年我并没有什么感觉，婚姻关系也没有什么变化，于是我很得意地告诉吴老师说："我太太升等比我快，但我也没有自卑感啊！"吴老师说："你的案例不准，你有其他成就可以平衡你们在教授升等上的差异。"

这个社会虽然民主化、多元化，但从学生到校长，从中小学到大学，许多夫妻虽然可以接受学历、职位、成就等各方面的"男尊女卑"或男女平等，却无法接受"女尊男卑"的情境。追根究底，是因为社会的价值观依然狭窄，仍旧充满尊卑的比较，而"女尊男卑"又特别刺激两性的神经。

父母的反省：女博士没用？

大部分女性都愿意以男性的成就为荣，为何反之不行？

前英国首相撒切尔（Margaret Thatcher）的丈夫丹尼斯·撒切尔（Denis Thatcher），力挺夫人善尽首相之职，让夫人在艰困的政治道路中从未感受到孤寂，世人也从未嘲笑他的政治地位不如夫人。在这一点上，我很佩服他以及英国社会的胸襟。

父母对生男生女的期望，对孩子取名的性别选择，对儿子、女儿教育程度的期望，对儿子、媳妇角色分工的要求等，都可能反映性别差异的观念。有位女博士生嫁入豪门，虽然家境富裕，但她希望能完成学位，外出工作，追求成就感与自我实现。不料婆婆非常不高兴，要媳妇专心生孩子、养孩子、侍奉公婆，因而对她说："你念博士学位有什么用？我们家又不缺你赚钱！"

学校的反省：忘了古代男人也穿裙子吗？

教育界的确一直尝试为性别平权教育而努力，包括从幼儿园阶段就提醒教师，不要暗示性别刻板化的玩具选择（例如鼓励女生玩娃娃、男生玩车子），从小学阶段则要求教科书不要暗示性别刻板化的角色分工（例如将医师设定为男生、将护士设定为女生）等。但是，还是有许多教育人员本身就屈服于不平等的传统概念，甚至不知不觉参与强化性别刻板化印象。

有一所升学导向的私立明星中学，规定夏季女生一定要穿裙子，男生一定要穿裤子。有一年五月，春夏之交，学校眼见天气变热，就要求学生换季。不料过了一周，天气又突然转冷，女生冻得受不了，于是家长向校长建议同意女生穿裤子上学，校长竟然回应说："女生一律穿裙子，全校才会整齐；这是教官的决定，我必须和教官商量一下，我不能决定。"一时之间，让人产生三个啼笑皆非的疑问：

- 难道衣服整齐比学生健康重要？
- 难道是教官治校而非校长治校？
- 难道女生夏天不能穿裤子？

有些保守的家长希望培养女儿拥有"淑女"的气质，也会支持学校要求男女有别、男裤女裙；其实，这种社会刻板印象，完全是时代的产物，也是社会控制的一种手段。或许大家都忘了，古代男子曾经有很长的一段时期，所穿的衣裳下半身其实是裙子。

大众媒体、网络世界与社会环境,已经充斥太多性别不平等的刻板化印象,家庭和学校应该连手抗拒、批判之,并协助女性族群勇敢追求梦想、自我实现。

有一种孩子，值得等待

如果孩子兴趣广泛，生涯却迟迟没有定向，你会觉得他一事无成，还是相信他大器晚成？

假如你的孩子都快四十岁了，还一事无成，你会失望吗？来看看下面这则个案故事。

F 生于 1856 年的欧洲，为犹太后裔，父亲是一个仁慈、和善、乐观却不得志的商人。家中有七个小孩，家境极为艰困，但父母甚至保姆，都对 F 慈爱有加。F 从小天资聪颖，他的父亲曾骄傲地说道："F 的小脚趾头都比我的脑袋还聪明。"

家境改善之后，F 成为家庭的重心，他拥有个人的房间与书架，家人的行动及生活安排大都迁就他。他拥有完全的自由来选择自己的事业生涯，但他迟迟没有找到定向，因为他擅长与想做的事情太多了。

在中学时代，F 是学校的风云人物，他说："在中学七年的求学生涯中，我一直是班上的顶尖人物，我在那里享有特权，几乎没有无法通过的考试。"但他并不自满于课业的成就，他喜欢运动，善于健行、游泳、溜冰；他喜欢社交，乐于分享。他在中学以最高荣誉毕业。

大学时代，他热情地探索自己的潜能，广泛地涉猎跨领域知识。他曾一度向往军旅生涯，幻想成为伟大的将军；但在当时，犹太人普遍受到歧视与迫害，想要从事政治与军旅生涯几乎不太可能，所以他转而攻读法律。有一天，F 读到歌德（Johann Wolfgang von Goethe）咏叹大自然的诗歌，深受感动，又转而攻读医学。但他阅读的范围仍然广涉宗教、文学、戏剧、神话、哲学、科学及生物学等，自嘲"对于知识具有一种贪婪的渴求"。

F 的语文能力很强，熟稔德文、英文与法文，并自修西班牙文，曾经把英国哲学家弥尔（John S. Mill）的著作翻译成德文。他喜欢写信，信函充满热情、活泼、诙谐、讥讽、反思与告白。他也写诗词、剧本和小说，作品充满观察力、想象力和感情；他驾驭口语的能力也很卓越，是一个令人目眩的演说家。

他野心勃勃，从年轻时代就认定自己在有生之年必有所成就，问题在于：要选择哪一个领域来达到人生的巅峰？他发现自己对数学和物理无法专精，对音乐的敏感度也有局限，但知道自己"关切人类的事务更甚于自然的物体"。

他从医学院毕业之后并未实习，而是投入实验室进行神经解剖学方面的研究，曾经研究八目鳗的细胞组织及小龙虾的神经细胞构造等。

他在二、三十岁时发表了不少作品，质量很不错，但并未受到重视。他仍然还不确定自己在哪一个领域才会出人头地。

三十岁了，他获得一笔奖学金，前往巴黎一个医院工作，藉由观察精神官能症患者，得到不少临床经验，并由内科医师夏考特（Jean M. Charcot）掌管临床诊疗。夏考特成为F的良师典范，两人维持了若干年的友谊；然而，F对精神官能症发展出一套很另类的观点，让夏考特感觉很不舒服，终至结束友谊。

天才之死或蛹之生

三十九岁了，F的第六个小孩出世，家庭财务更显拮据，与妻子的关系也日趋恶化。而F身患慢性胃病，却沉溺于吞云吐雾之乐，感觉自己即将揭开一项伟大的自然奥秘。这会是天才之死或蛹之生？

这一年，他撰写了《科学心理学计划》，尝试将自己所发展的有关歇斯底里症、压抑、意识、潜意识等心理机制，奠定一个神经学基础，但未出版。这一年，他也逐渐觉察到梦的功能、过程与机制。四十岁时，他草拟了著作《梦的解析》（The Interpretation of Dreams）的主要构想，随后若干年，他持续对自己的梦境进行自我分析，并与一位好友交换解析的观点。

四十三岁时，F完成了巨著《梦的解析》，并于来年正式出版，但并未立即引起回响，头两年仅销售三百五十一本，差点儿绝版。但他并不灰心，于四十五到四十九岁之间，又陆续出版了《日常生活的精神病理学》（The psychopathology of everyday life）、《笑话与潜意识的联系》

（Jokes and their Relation to the Unconscious）、《性学三论》（Three Contributions to the Theory of Sex）等书，逐渐受到认可。

写到这里，F 的面纱已经揭开！他就是人称精神分析之父——弗洛伊德。

弗洛伊德原属于医学界，但他对于精神官能症的革命性观点，在当时的医学领域却被视为离经叛道、胡说八道，完全不见容于当时的派典，所以他重起炉灶，建构自己的派典与学术社群。他在四十六到五十四岁之间，首先组织一个"星期三心理学会"（Wednesday Psychological Society），提供同好心理医师分享案例、分析案例。这个学会逐渐扩大，变成"维也纳心理分析学会"（Vienna Psychoanalytic Society），甚至美国和瑞士有些学者，例如荣格（Carl G. Jung），也受到这个崭新派典的吸引而前来参与互动，所以学会再度发展成"国际心理分析协会"（International Psychoanalytic Association）。心理分析宛如一种国际运动，弗洛伊德宛如一位宗教领袖，展开信仰革命。

他探究的兴趣也逐步扩展到政治与文化议题，在五十六岁出版《图腾与禁忌》（Totem and Taboo），七十一岁出版《一种幻想的未来》(The Future of an Illusion)，七十四岁出版《文明及其不满》(Civilization and Its Discontents)，同年获颁象征最高荣誉的歌德奖，地位一如世界级领袖爱因斯坦、甘地等人。他旺盛的创作力持续到去世那一年，八十三岁时出版了《摩西与一神论》(Moses and Monotheism)，才向这个世界挥一挥衣袖。

父母总是担心晚定向的孩子，但只要孩子对自己有信心、对知识有热情、对世界有关怀，就值得我们等待。小时了了者，也可能大器晚成。

附注

本文关于弗洛伊德数据，主要参考自：Gardner, H. (1993). Creating mind. 林佩芝（译）（一九九七）。创造心灵：七位大师的创造力剖析。台北：牛顿。

等待孩子的成就要等多久？

你对孩子的期望是为了弥补自己的缺憾，还是发挥孩子的天赋？父母等待孩子的成就要等多久？若一辈子都在等待，你离去时会失望吗？

科举考试历经千余年而亡，但考试的灵魂从未消散。当代大陆地区的升学考试规模空前，目前台湾地区的考试种类也不胜枚举。

如果你的孩子六十岁了，还在考场奋斗，无法成功，你会不会很绝望？

我们来看看个案 W 的故事。

W 生于明孝宗弘治年间，是江苏淮安人。其祖先曾数代为官，但父亲早孤，贫苦起家，未能继续仕途，于是从商，因此盼望儿子走向科举功名之路，以弥补自己的遗憾。父亲好读四书五经、诸子百家，虽不求甚解，但具正义感，常向儿子讲述古人故事，精彩生动，慷慨激昂。

　　W天资聪颖，童年时勤奋向学，青少年时即已机智善辩，常能指出古书内容中的破绽，乡亲视之为神童，常登门求教或求赐诗词。他喜听奇闻轶事，于童子学时，常瞒着父母偷读小说野史或神仙鬼怪之类的故事，犹如早期台湾的儿童偷读漫画。但他不负众望，约在十六岁时应童子试，轻易考取秀才。

　　W品学兼优，颇受父执辈赏识，遇到许多贵人。他在考场结识沈坤，一见如故，相互佩服，双方甚至互拜父母，结为世交。

　　沈坤父亲常与两子纵谈古今，鼓励有加。他另一位好友朱曰藩之父朱应登，见他博览群书，也惜才如己出，而且慨赠图史藏书半数，期待他与自己的孩子双双功成名就。

　　青年期的他性格狂放、浪漫而不媚世俗，常与好友把酒言欢、畅谈诗文，宛如竹林七贤再现。他约在二十六岁结婚，与妻子感情甚笃，每当远行，思妻甚切。约三十二岁时，以优异成绩取得科举生员资格，与好友朱曰藩、沈坤赴南京应乡试；他最被看好，不料朱、沈中举，他却落第。至此，外界常嘲笑其华而不实。

为了父母期望，考了一辈子试

不久，父亲去世，W 因科举失利未能让父亲在生前完成愿望，自责甚深，在墓前痛哭悔恨。父丧之后，他必须承担起经济生活压力，因此常替人写应酬文字或代人捉刀，换取微薄报酬维生。为了不使母亲又失望，他继续苦读三年，再度赴乡试，不幸仍然落第。当时科举考八股文，应试"不求文章中天下，只求文章中试官"，故秀出者未必中选。幸亏他对屡试不中的态度仍属旷达，只归因于"文章憎命"（文才好，却命运乖舛）。

约四十二岁时，好友沈坤已中状元，但他到了四十五岁才中"岁贡"，其后考了两次"乡试"，皆未考取。约四十八岁时，好友李春芳举进士第一。年过半百，W 受李春芳之邀，入京谒选，但时值奸相严嵩当权，世宗沉迷道术，朝政衰败。W 候选三年，始被发派为长兴县丞，时为六十一岁。县丞辅佐知县，官职卑微，薪水微薄，但他仍勤劳为政，风尘仆仆。

无奈官场只顾搜刮课税，W看尽官场黑暗，两年即挂冠求去。

他在科场及官场上长年挫折，所幸仍有一些赏识他的知音，包括正德年间探花蔡昂、诗人王宠、画家文征明、文人徐中行、陈文烛等，常交往唱和、评论诗文。他真正喜欢的文风其实是汉唐古文，而非科举时文。

他虽年近花甲，雄心犹存，据传曾协助好友沈坤组织乡勇民兵，抵抗沿海倭寇，人称"状元兵"。他年过七十，仍关怀民生疾苦、忧心士风萎靡。他感叹自己两鬓斑白，却又期许自己"虽贫杜甫还诗伯，纵老廉颇是将才"。

究竟W是谁？年届耄耋之年又会有什么样的命运？下面有三个关于W的选项，猜猜看，哪一个正确？

1. 是《儒林外史》中的小说人物，反映科举制度下的悲剧。

2. 是历史上的真实人物，一辈子不得志，最终一事无成地死去。

3. 是历史上的真实人物，在逝世前终于不负父母期待考上科举。

答案是"以上皆非"，W其实是《西游记》的作者吴承恩。

因应社会压力或追求自我实现

由于吴承恩一生从未提及自身创作历程与感受，身后亲友整理其作品，如《射阳先生存稿》时，也未发现涵盖《西游记》一书。所以，如果他确实是《西游记》的作者，可能是在七十岁之后才开始编撰，成书后于八十岁左右去世。

在当时，小说被视为"小道"，不但对科举无益，而且文学地位低下。吴承恩死后三、四十年，《西游记》传抄本渐多，清代刻本更多，可惜作者名字鲜为人知。直到鲁迅和胡适等人的考证，才大致确认为吴承恩所著，但至今仍偶有争议。

《西游记》的故事缘起于唐朝，历代以来经说书人不断添油加醋共创，吴承恩将长期演化的故事结构化、艺术化、统一风格、去芜存菁、结合社会观察，创造出一部今日家喻户晓的奇幻故事。全书百万余言，实属空前之神话巨著，至今不但被翻译成数国语言，而且不断透过卡通、戏剧、电影、动画、电玩等媒介重新呈现给读者。

现代"吴承恩"很多，例如：大陆有人考"高考"（升大学）

考了十五次，仍在门外徘徊；台湾有人参加教师甄试四十余次，仍在南征北讨。吴承恩一生在考场徘徊，主要是为了完成父母的期望，如果他这一生的坚持是在追求个人潜能的自我实现，会不会创作出更多伟大的作品？

父母的期望是为了满足自己的欲望？还是发挥孩子的天赋？父母等待孩子的成就要等多久？如果一辈子都在等待，你离去时会失望吗？

终究，我们会发现：教养孩子和亲子关系，不是技术问题，而是人生观的问题。

 附注

本个案研究受台湾科学委员会 NSC96-2413-H-004-007-MY2 经费支持，特此致谢。

呵·护·亮·点
实践有智慧
的优质教养

育儿宝典，小心选错派典

幼年依附型态对孩子往后的心理健康、人际关系、生活适应等层面，都有深远的影响。宝宝哭了，你选择抱他还是不理他？

有句俗话说："老大照书养，老二照猪养。"但在少子化、一胎化的社会趋势之下，大部分孩子都是"老大"，大部分父母都是"照书养"，令人忧心的现象是：许多父母不知道自己选错了书。

例如婴儿哭了，父母要不要理他？一般父母的反应是："当然要理他，他可能饿了或不舒服。若不理他，多残忍啊！"另一种父母的反应是："不能理他，他可能要你抱抱。你一理他，他就学会用哭来叫你抱，下次就会哭得更凶、更黏人，你就会把他宠坏！"

身为有智慧的父母，你选择哪一种反应？

第一种反应比较感性,是根据父母的天性;第二种反应比较理性,是根据心理学理论,可惜是根据一种过时、僵化、动物模式、控制取向的理论——行为主义(Behaviorism)。

行为主义盛行于二十世纪上半叶的美国,下半叶虽然遭逢人本主义(Humanism)的挑战与认知科学的革命,但信徒仍然很多。行为主义的核心信念就是:人类的天性基本上是趋乐避苦,故其行为的频率决定于行为的后果——引起愉快后果的行为会增加,引起痛苦后果的行为会减少。所以,实验者对动物,教师对学生,父母对孩子,政府对人民,都可以透过奖惩机制来控制后者的行为。这些信念的含义与争议,可以写成几百本书,本文只能以照顾者(父母、祖父母、保姆等)如何处理孩子的哭泣为例来说明。

美国有关养育孩子的书籍,至少有两大派典(paradigm):一派倾向行为主义,另一派倾向人本主义与认知心理学。小儿科医师所撰写的养育书籍,特别容易倾向行为主义,可能因为医师从自然科学出身,比较喜欢行为主义的科学味道(通常标榜"行为科学"),较不熟悉心理学领域的进展与革命。这类书籍对新生儿照顾者的劝告通常是:"照表操课,婴儿哭的时候,如果不是喂奶时间,最好不要理他。否则,他的哭泣行为得到增强,以后会更爱哭。"这是假定照顾者为控制者,透过阻塞奖励,削弱婴儿的哭泣行为。有些书籍更激烈,把婴儿想象得很邪恶,会警告照顾者说:"如果婴儿一哭你就反应,他将很快学会用哭来控制你。"设想父母也可能变成被控制者,亲子之间变成一种争夺控制权的战场。

另一派倾向人本或认知心理的养育观念则认为:健康的婴儿都是良善而知足的,他们不会无缘无故地哭,他们会哭,通常都是因为有不舒服的状况或需求产生,例如尿布湿了、肚子饿了、腹部胀气等,而哭是他们唯一能使用的语言。如果照顾者都不反应,久了之后婴儿将会产生"习得无助感"(learned helplessness),他会发现哭是没用的,环境是无法控制的。其后,他的确可能停止哭泣,但他也会放弃解决问题的努力,变得疏离而不安,难以和照顾者建立信任感与亲密感。所以,婴儿哭的时候,照顾者应尽速反应,至少应先确认其身体或周遭状况是否正常,让婴儿感到安全且有人陪伴。

健康的婴儿根本不喜欢哭,他若喜欢哭,通常不是因为你的反应而增强,而是因为他有不舒服的地方。有智慧的照顾者不是依照书本建议的模式反应,而是有能力找出婴儿不舒服的原因加以排除;一旦正确排除起因,他就会满足地入睡或自主地玩耍,绝不会时时刻刻想要黏着照顾者。婴儿月数渐增,当然会增加与照顾者互动的频率,但黏着照顾者不放的孩子,通常不是因为他想和照顾者更亲密,而是因为他安全感不足,对照顾者或环境没有信心。

测测看:孩子是否有安全依附感

照顾者如何知道孩子对自己是否具有安全的依附感?当孩子会爬的时候,你可以带他到一个陌生而新鲜的游戏空间,让他自由探索三分钟;然后离开他,让他和一个他不认识的人相处三分钟,再回来陪他三分钟;之后再留他独处三分钟,最后又回来接他。

如果孩子会以你为基地,在你视线可及的范围内高兴地探索新环境(如玩具),并尝试和陌生人互动;你离开后他会寻找你，知道你在某地不会跑远，他可能哭或不哭，但发现你回来时都会快乐迎接你，很容易被安抚并回头继续探索。那么，恭喜你，他颇有安全的依附感。

如果孩子毫不犹豫地离开你去探索环境，但游玩时很少分享感情，即使你不在时他都会亲近陌生人；你第一次回来时，他可能既想趋前迎接、又想逃离避开，你第二次回来时，他可能忽略了或甚至避开视线。那么，这是一种警讯，他的依附感是既焦虑又逃避。

如果孩子紧紧地黏住你，不肯探索新环境，高度警觉陌生人，很少分享感情；你离开后他很不高兴或哭个不停，你回来后他被动等待而不会趋前拥抱，继续哭个不停，既想接触又想抗拒，他可能拳打、脚踢、尖叫、拒绝玩具。那么，这是一个很严重的警讯，他的依附感是既焦虑又抗拒，充满矛盾的情绪。

幼年依附型态对孩子往后的心理健康、人际关系、生活适应等层面，都有深远的影响。当然，哭的意义随年龄而不同。对新生儿而言，哭是他唯一的语言，照顾者要谨慎侦测起因，尽速正确反应。轻易迷信宝典，小心选错派典！

错爱孩子的四种方法

近年来"妈宝"现象蔓延至高中大学,爸妈帮孩子算学分、请假、办休学……

爱孩子没有错,但爱错了方法,就容易养出长不大的王子和公主。

某校教师出缺,公开甄选新老师,共有上百人应征。经过笔试,只有少数几位进入口试和试教。其中一位年轻女老师多才多艺且气质优雅,试教时和学生互动良好,一路过关斩将、进入决选。不料,决审会议中讨论到这位应征者时,有人说了一句:"喔!那位公主。"有些委员很好奇,就问:"什么意思?"另一位教师委员解释道:"这位应征者的确很优秀,不过她从报名开始,都是由她的母亲代劳。她母亲陪考、买便当、挥扇子,不断问我们时间、地点、程序、准备范围等问题。所以,每次这位应征者远远走来时,试务工作人员就会暗自取笑说：'公主驾到！'"

巨细靡遗，连胡椒都要管

接着就有委员担心：一个过度受照顾或溺爱的年轻人，能否成为一个独立自主、照顾他人的好老师？由于决选阶段竞争激烈，些微疑虑就足以影响投票结果，果然这位应征者以些微票数落选。她的母亲可能没有料到：她的过度关心，已经造成雇主的担心。

这就是第一类型溺爱：过度保护，巨细靡遗。

某系大学生为高中生举办夏令营，突然接到一个家长来电："我的女儿不吃胡椒，你们有胡椒的食物要挑掉，否则要帮我女儿另外准备一个饭盒，她的名字叫作……"办营队的大学生急忙解释："我们都是外订餐盒，不知道有没有胡椒啦！不过我们会特别注意，如果有胡椒，会为您女儿另备餐盒。"

从此，大家都叫那位高中生"胡椒妹"。

高中生难道无法处理自己的生活细节？美国高中生进入大学时，只要经济上不是太困难，大多喜欢选择外州的大学，远离家庭，寻求独立，体验难吃的食物，搞错洗衣粉的用量，修理脱链的脚踏车……父母也大多鼓励孩子追求独立。台湾的高中生进入大学时，也有许多人喜欢远离家庭，住宿学校。但有些父母舍不得，导致选填大学志愿时产生亲子冲突。其实，摆脱父母巨细靡遗的照顾，的确是培养独立自主与生活自理能力的起点。

凡事替代，把责任揽肩上

早晨上学时间，小明踏进教室。
"小明！你的书包呢？"老师问。
"妈妈忘了帮我背上。"小明说。
期中考结束了，老师发下考卷。
"小明！你怎么退步这么多？"老师问。
"妈妈忘了帮我复习。"小明答。
也有些父母常替孩子做作业，可能因作业困难且缺乏耐心教孩子，或因担心孩子做得不够好，分数会输给同学，干脆替孩子做完。结果孩子在旁边打电玩，父母在孩子作业中奋斗。其实，替代孩子做作业，是剥夺孩子的学习机会，也可能让孩子背负说谎的羞愧感，孩子即使获得高分，也不觉得是自己的荣耀；获得低分，也不觉得是自己的责任。

这就是第二类型溺爱：凡事替代，弱化小孩。

偏心卫护，都是别人的错

一位母亲带着一个大约幼儿园或低年级的小男孩，在麦当劳用餐；不远处坐着一个长发披肩的女郎，秀发盖在椅背上。小男孩很顽皮，跑过去玩弄那位女郎的长发，女郎把长发拨到胸前，显示不愿意。

这时，小男孩的母亲走到长发女郎面前，全店的人都以为她要去向那位女郎道歉，想不到她却开口说："你那长头发有什么了不起，借我儿子玩一下有什么关系！"全店的人尽皆愕然。

一位中学老师也在店里，他招招手把小男孩叫过来，轻轻在小男孩的脸颊上打了一下,然后对那位母亲说:"你的儿子脸颊好漂亮喔,借我打一下有什么关系!"只见那位母亲悻悻然、狼狈地离去。

这就是第三类型溺爱:偏心卫护,自我中心。

特权庇护,横着走不讲理

人行道上,有一个小朋友用力摇撼一根公车站牌。有一个老师刚好从旁经过,对他说:"小朋友,这样会把公车站牌摇坏喔。"小孩的父亲刚好从便利商店门口出来,听到之后很不悦地说:"你知道我是谁吗?我的孩子轮不到你管!"

有一个庞大的财团家族,将孩子们送进明星小学,但孩子功课很差,上课都打混摸鱼。老师不知底细,严格纠正,没想到孩子仰起头,不屑地说:"你知道我爸是谁吗?"这些孩子现在都长大了,也都继承了庞大的家族事业,但有多位仍在监狱里服刑。

这就是第四类型溺爱:特权庇护,轻视他人。

有人问:为何富不过三代?为何皇帝子孙大多一代不如

一代？答案主要就藏在"教育"两个字里面。

富贵或权势之家，若未能忘掉自己的身份，动辄溺爱、要特权，则其子孙大多傲慢、恣意、唯我、误用知识、轻视道德、不敬教师、不知人间疾苦，教师心中有愧，亦无可奈何。所以，希腊哲人柏拉图（Plato）才会提出"哲学家皇帝"（philosopher king）的教育模式，让孩子在成长过程中历经人文、知识与技能的训练，体验生活的汗水与生命的尊严，培养勇敢的精神与独立的智慧。可惜古今中外历代皇帝少有如此培育自己的孩子，由于缺乏教育智慧，终究一代不如一代。

总的来说，溺爱就是让人很腻的爱，或让人溺死的爱。智慧之爱，要在保护中学放手，在协助中给自主，在关爱中有平等心，在慈爱中尊重他人。

陈之藩谈"哲学家皇帝"

中学生送牛奶、送报,大学生做苦力、做仆役,已经是太习惯了的事。这些工作已经变成教育中的一部分。这种教育,让每一个学生自然地知道了什么是生活,什么是人生。所以一个个美国孩子,永远独立、勇敢、自尊,像个"哲学家皇帝"。

希腊哲人想出一种训练帝王的办法,这种办法是让他"从生硬的现实上挫断足胫再站起来,从高傲的眉毛下滴下汗珠来赚取自己的衣食"。这是做一个帝王必经的训练,可惜欧洲从未实行过这种理想。没有想到,新大陆上却无形中在实践这句话,每一个青年,全在无形中接受这种帝王的训练。

做卑微的工作,树高傲的自尊,变成了风气以后,峥嵘的现象,有时是令人难以置信的。耶鲁大学有个学生,父亲遗产三十万美金,他拒绝接受。他说:"我有两只手、一个头已够了。"报纸上说:"父亲是个成

2. 呵护亮点
实践有智慧的优质教养

功的创业者,儿子真正继承了父亲的精神。"

青年们一切都以自己为出发,承受人生所应有的负担,享受人生所应有的快乐。青年们的偶像不是叱咤风云的流血家,而是勤苦自立的创业者。富兰克林自传是每个人奉为圭臬的经典。

我们试听他们的歌声,都是钢铁般的声响的:

人生是一奋斗的战场,

到处充满了血滴与火光,

不要做一甘受宰割的牛羊,

在战斗中,要精神焕发,要步伐昂扬!

本文摘录自陈之藩(一九九五),旅美小简。台北:远东。

假日父母的亲子互动秘诀

亲子相处时间少,不等于互动质量就会比较差,因为有相处不一定有互动,有互动不一定有加分。想让亲子感情升温,请掌握五大关键指标。

如果你是双薪家庭,孩子交给你的父母或托给保姆带,或者你是"假日父母",周末才去看孩子,也许一周或甚至好几个月才见一次面。结果孩子和你不亲,反而和他的阿公、阿嬷或保姆很亲,怎么办?

有一对父母因工作忙碌,把幼儿送回南部老家请自己的父母帮忙照顾,和孩子几个月才见一次面。结果孩子非常依赖阿嬷,与阿嬷的感情非常好。

当孩子到了入学年纪时,被父母接回北部就学。结果孩子哭得非常伤心,天天吵着要见阿嬷,却不太喜欢亲近妈妈。妈妈非常生气,认为天下哪有这种道理,就把孩子狠狠打了一顿,强迫他必须爱妈妈、不能想阿嬷。

其实这个孩子会依赖阿嬷,表示他在阿嬷家受到很好的照顾。母亲的举动透露了三种心理意义:一、她嫉妒孩子和阿嬷的感情;二、她认为爱可以用暴力强迫产生;三、她缺乏维系或复原亲子感情的互动策略。

父母和孩子相处的时间虽然很少,但如果互动质量优良,短短的时间也能让亲子都珍惜并回味相处时光。反之,如果互动质量恶劣,相处时间愈长,只不过带来痛苦愈多、伤害感情愈深。

在优劣之间,还有一种亲子相处型态是"不互动":虽然在一起,但没有眼神接触、没有对话、没有合作、没有交换讯息或动作、没有分享情绪。因为,亲子双方都在看电视、看计算机、看手机,或各做各的事情。

所以,在一起不一定有互动,有互动不一定有加分。关键在哪里?

优质的亲子互动至少反映在五项指标:

- **有笑意的眼神接触**:笑意传达善意、感染欢乐。
- **有意义的符号交换**:符号包括声音、手势、表情、涂鸦或语言等。

- **有善意的动作交换**：例如传递物品、轮流操作或交换工具等。
- **有共同的合作建构**：例如一起抬起某个重物、完成一幅拼图、拼组一套积木、形塑一个沙雕、开挖一个水池、种植一株花草等。
- **有正向的情绪分享**：例如相互感染信任、支持、关爱、快乐、好奇、兴奋与安心等。

游戏是童年的生命

对人生第一个十年而言，游戏（play）是生命，犹如爱情之于青年、事业之于中年、健康之于老年。假日父母的亲子互动之道，绝不能少了游戏。

"游戏"一词并不单指"有规则的游戏"（game），而是广义泛指具有下列特征的活动：

探索：不熟悉的事物比较容易引发好奇、探索和操弄，游戏者透过讯息回馈，获得理解并创造意义；此一过程经常伴随不确定性、专注和满足感。天下父母有幸透过孩子的眼睛，在熟悉的事物中看出新的意义。

转借、假装或想象：树叶可以当扫把、枕头可以当汽车、石头可以当鸡蛋、毛巾可以当飞机。从棉被上跳下来，可以假装是自己从天空跌下来；从左边向右边跨一步，可以假装是爸爸从外面工作回来。在游戏情境当中，万物可以表征万物，心理的真实超越了客观世界的现实。父母根本不需要担心孩子的玩具不够，要担心的是自己的想象力不够。

内在动机：玩游戏只因为游戏本身有趣、过程好玩、情绪愉悦，而不为任何外在目的。父母陪孩子玩游戏时，要放松自己、要放下身段、要有玩兴，不要老是想着：我要利用这个游戏让孩子背生词、利用那个游戏让孩子体会父母的辛劳。游戏的确是具有很多功能，但不要让功能摧毁了趣味，父母要保持无心插柳、水到渠成的自然心态。

过程重于结果：积木组好，可以立即拆解；沙堡堆成，只等海水来袭；螃蟹钓上，最好放归大海；蝉儿捉到，转眼立即放生。当过程是一种游戏的时候，结果变得不重要。父母陪孩子玩游戏时，要学会享受过程，而不是急于完成结果；

犹如登山时要学会欣赏沿途的风景，而不是急于攻顶。

自主选择：游戏不能被强迫，一被强迫，就变工作。父母应避免对孩子说："这套积木是我花了两千元买的，你一定要玩！"或是说："你赶快去踢足球，你不踢，我就把球没收了！"凡带有威胁、强迫、不尊重、没有选择自由的命令或指示，都很容易摧毁游戏的本质。

正向情感：游戏通常伴随好奇、平和、兴奋、温暖、愉悦、忘我、满足或享受等正向情感。有些游戏虽然混合着正、负情感（例如坐云霄飞车就混合着兴奋、刺激和恐惧），但正向情感必须强过负面情感，否则，游戏就变成压力情境，使参与者急着想逃离。

自然而健康的游戏，有助于认知发展、社会发展、语言发展、技能演练、情绪表达、压力消除或心理治疗等功能。可惜随着年纪渐长，游戏加入愈来愈多的规则、竞争，甚至恶意，游戏就逐渐变质了。

假日父母的亲子互动秘诀，就是要全心全意陪孩子游戏；同时父母更要解放自己，回到童年，返璞归真。

你是"卫星导航"父母吗?

指导不等于指挥,急着给孩子答案,反而会让他错失学习的主导权。

若孩子在得到答案前,会主动要求"等一下!我再想一想",学习成效可能更好。

很多开车的朋友都发现:使用卫星导航之后,脑中的方向感变差了;没有卫星导航,就找不到目的地。为什么?

其实在没有卫星导航之前,开车族也常发现:如果自己查地图、判断地标、尝试错误、找到目的地,对路线的记忆就会很深刻,下次再来时就很容易找到;如果跟随别人的车开,或有个"后座驾驶"(back-seat driver,也可能坐旁边)指挥你往前、往左、上桥……一直到达目的地,那么你下次再来时，脑中还是没有地图，还是找不到目的地。为什么？

自己找路，是一个主动学习的过程；倚赖卫星导航或"后座驾驶"，是一个被动学习的过程。主动学习者，从搜集信息、思考判断、建构假设、尝试错误、解读回馈讯息，到重新搜集信息、重组思考、调整假设、改变行动、解决问题等历程，都是由自己自主完成。被动学习者，在此历程当中则被剥夺部分或全部责任。

亲子互动中，谁主导思考？

美国教育心理学家葛莉生（Mary E. Gleason）与萧珀（Leona Schauble）做过一个很有趣的实验[1]。他们找了二十对亲子，其中父母学历从高中毕业到博士都有，孩子的年龄则介于九到十二岁之间。

实验场地在一个儿童博物馆，实验器材是一套模型运河，上面可以行驶模型船。在这套器具里，用户可以操弄运河深度、船的形状（圆形、方形或菱形）、船的重量（轻或重）、船的大小（大型或小型）等四个因素。每对亲子的共同任务就是要利用这套器具进行实验,合作找出究竟哪些因素会影响行船的速度。至于心理学家的实验目的,则是在找出亲子合作当中,哪些因素会影响孩子的学习效果。

亲子在做实验之前,先接受考试(前测),做完实验之后又接受考试(后测),实验结果让人跌破眼镜:孩子的分数没有显著进步,反而是父母的分数有了显著进步。为什么?

在实验过程当中,研究者发现,大部分父母都扮演控制和概念推理的角色,孩子则扮演计算、后勤、操作和较机械性的角色。亲子互动过程实例如下:

例一

父亲或母亲(以下简称"亲"):(准备试验行船)方形船?

子:嗯——。

亲:现在这条(船)将走得很慢。

子:嗯——。

亲:最慢……我们这条(船)是大的、方形的、还是重的?

子:嗯——。

亲:我们不是在测试重量吧?

子：不，不是！

亲：好，现在把它准备一下。好了吗……

子：（船）出发！（停顿一下）……20.37（秒）。

亲：20.37。这次也许比较慢……在深水的时候走得比最后这一次快。（停顿一下）这次快于……哪一次？……（等待孩子回答，孩子无回应）嗯……这次快于第九次和第十次。

例二

亲：好，你准备好了吗？放！（孩子把船释放）

子：你看！

亲：嗯——，它来来回回，我想它正在浪费时间。

子：（笑起来）

亲：你不认为吗？

子：耶！12.31（秒）。

亲：喔，时间一样，时间几乎和那一条轻的一样。所以，深度无所谓。

子：嗯——，耶！

亲：所以……深度无所谓，因为结果一样。

在这些实验过程的所有尝试当中，父母大约主导了

65%，孩子只主导了9%，其余26%由双方分享控制。所以，父母在不知不觉中比孩子取得更多主动学习的机会，故进步得比孩子更快。在如此民主化的国家里，亲子关系尚有如此现象，在其他父母较威权的国家里，就更值得反省了！（至于哪些因素会影响行船速度呢？答案是：小船比大船快、菱形船比其他两种形状快、运河愈深船愈快、在小船的情况下轻船比重船快。但这些不是本实验关心的重点。）

指导性学习中，谁受益？

在长辈指导孩子、教师指导学生、资深者指导新进者，或家教老师指导学生等互动历程当中，指导者如果主控性太强，被指导者只不过听命行事，而没有自主思考、建构假设和决策判断的机会，那么，他的学习成果将非常有限。敏锐的教师也常发现：如果在小组当中设定一个"小老师"去指导同学，往往"小老师"进步更多，同学反而进步有限；因为"小老师"可能扮演了布题、解题、示范、说明等主动思考的角色，被指导的同学却扮演了观察、聆听、模仿、依指示做事等较被动的角色。专业的教师会注意到学习机会的公平性，分派不同任务让不同学生都有担任"小老师"的机会，或事先指导"小老师"的指导技巧。

"指导"技巧的关键在于"指导性"不能太强，不能急于给答案，不能自问自答、说个不停；必须耐心等待对方思考、等待对方尝试，如果对方答错或做错，最好以他更能理解的概念，提供旁敲侧击的提示，而不是直接给答案。孩子如果在你打算说出答案时，主动要求你"等一下！我再想一想"，这个孩子将来比较可能有杰出成就！

当孩子请求协助家庭作业时，你会干脆代劳吗？当孩子提出课业上的问题时，你会立刻给一个答案吗？小心！不要扮演了"卫星导航"或"后座驾驶"的角色。

附注

1.Gleason, M. E., & Schauble, L.(2000). Parents' assistance of their children's scientific reasoning. Cognition and Instruction, 17(4), 343-378.

当心"我是为你好"

如果有人嘴巴嚼着美食,一脸享受的样子,然后满怀好意地跟你说:"想吃吗?我吐出来给你吃。"你会如何回应?"啊!你真好心,但很恶心。"

父母常对孩子说:"我是为你好。"也许"己所不欲,勿施于人"是绝佳伦理原则,但己所欲,就应施于人吗?听起来前者比较消极,后者比较积极;但前者却比较安全,后者比较冒险,原因在于:好意图不一定有好结果。

己所欲,应施于人吗?

参加宴会时,你旁边坐了一位长官、长辈,或必须保持礼貌关系的朋友,他为了表达爱护你或对你友善,便殷勤地为你夹菜,每道菜都抢先在你动筷子之前就为你夹上盘,你喜欢这样吗？

有个小女孩常随父母参加宴会，上菜后，爸爸帮她夹了一堆香肠。回家路上，小女孩向爸爸抗议。

"你平常在家里，不是很喜欢吃香肠吗？"爸爸疑惑地问。

"那是因为我们家里平常难得吃到香肠，可是宴会中有许多更好吃的东西。"小女孩气愤地说。

下一次赴宴，爸爸收敛了，可是旁边的亲戚朋友看她很可爱，常替她夹菜，尤其最喜欢夹给她肥厚的鸡胸肉。无奈小女孩觉得整只鸡最难吃的地方，就是鸡胸肉，但长辈夹给她，她也不敢表示厌恶，又不能夹回菜盘里，只好勉强吃下去。但吃完之后，亲戚又热心夹来一块，让她非常厌恶，根本没有胃口选择其它食物。所以，她后来就经常推托肚子痛，不肯随父母赴宴，父母却始终觉得不解。

我们再来看一个例子。

有个中学男孩天天为考试升学而埋头苦读，但心中十分寂寞。他在水族箱里养了一只鳖，读书倦了，就看看鳖优游自在地游泳。日子久了，鳖成为男孩最好的伙伴，男孩时常为它细心换水、喂食、布置水草，甚至对它诉苦。

男孩的阿嬷非常宠爱孙子，她看孙子天天苦读，心里很不舍，决定为男孩进补身体。有一天，阿嬷炖煮了一锅补品端入书房要孙子吃，男孩闻到香味，掀开锅子一看，竟是他那只鳖。

夹菜的大人很热情，男孩的阿嬷很爱孙，但他们都没有意识到两个潜在风险：一、己所欲未必是别人所欲；二、己所欲强施于人时，等于是剥夺别人选择的机会和拒绝的自由。

什么人最容易忽略这些简单的道理？充满善意但却主观或权威的人。父母对孩子、长辈对晚辈、教师对学生、长官对部属、强势对弱势、传教者对信徒等关系当中，最容易充满善意但却过度主观或权威。

好意图不一定有好结果

伦理学或道德论当中，对于心理意图和行为结果，有一个既简单又基本的概念架构如表1。其中，意图与结果一致的情况，包括善意产生善果（良善契合）与恶意产生恶果（邪恶契合），前者值得赞颂推广，后者要被抑制并加重其刑，上述两者一般人很容易了解，所以本文将分析焦点放在易被忽视的、意图与结果不一致的情况。

表1 两种心理意图乘以两种行为结果

		意图	
		良善/美好	邪恶/不好
结果	良善/美好	良善契合	第一类型失误
	邪恶/不好	第二类型失误	邪恶契合

心理学大师皮亚杰（J. Piaget）早就发现，年幼儿童无法辨认意图与结果不一致的情况，但依我观察，许多成人其实好不了多少。关于意图与结果不一致的情况，我借用统计学的名词，把它区分为第一类型和第二类型失误。

第一类型失误，是不好的意图产生良善的结果，这可算是幸运或美丽的失误。例如有一对爱赌博的父母，因听信算命者言，认定老大克父母的命，而老二将为父母带来财运，故厌恶老大，让老大干活，管教严苛，并只给他疏食淡饭，但厚爱老二,任其游乐,呵护纵容,并常喂予大鱼大肉。不料长大后,老大成熟懂事而且身体健康,老二好赌成性而且杀人入狱。这一对父母的行为,在老大身上产生第一类型失误,而在老二身上产生第二类型失误。

第二类型失误,是良善的意图产生不好的结果,这可算是无知的失误。例如许多人购买动物放生,自以为正在做善事,其实正在残害生命,包括有人放生某类毒蛇,但不知残害了青蛙,破坏生态平衡;有人放生淡水乌龟到咸水海里,造成乌龟大量死亡;有人在港口放生珍贵鱼类,但捕捞船守在近海等待,捕回之后再卖给下一批放生客,在放生和捕捞之间循环,折损大量生命。这些都是对生命科学和商业利益结构的无知,这类案例提醒我们:要做善事,还要有知识。

EQ 不足易犯第二类型失误

在人际沟通层面,说话者也经常犯下前述两种失误,例如某甲使用反话讽刺某乙,想让某乙难受,但某乙以为某甲在赞美他,觉得很高兴,那么某甲犯的是第一类型失误。反过来说，某甲诚心赞美某乙，但某乙觉得某甲在讽刺他，那么某甲犯的是第二类型失误[1]。

有些教师课堂上热切分享，但是学生觉得离题、啰唆或重复；有些教师装可爱想要和学生打成一片，但学生感到无言或突兀，这些情况都是意图良善但效果为负，皆可算是第二类型失误。从阅听者的角度来看，如果非要在说话者的二种失误类型当中择一，可能大部分人还是宁愿选择第一类型。

在日常互动情境中，我们多少都曾犯下第二类型失误。我们可以用下列三个层次来评估一个作者、说话者或行动者的 EQ 和人际智慧：

- **无知**：对他人（互动对象）的感受一无所知。
- **察觉**：虽然常犯，但能察觉自己刚犯下第二类型失误。
- **改善**：有能力和策略逐渐减少自己所犯下的第二类型失误。

这三种层次与年纪没有绝对关系，因为有许多成人仍停留在第一层智慧，对于自己话语或行动对别人所产生的伤害一无所知。当一个人经常说"我没有那个意思（但伤害已经造成)……""我不是那个意思……"或"我是为你好,你不要得了便宜还抱怨……"这类句子的时候,可能是处于第二层,因为他虽无法控制自己良善的意图对别人产生不好的感受或效果,但透过自己的观察或别人的回馈,可以察觉自己的失误。但如果一味怪罪别人误解或不领情,就会继续停留在第二层,或甚至回退到第一层。相反的,如果懂得检讨自己,能从收讯者的角度分析语言或行动的效用,就会进入第三层。

总之,人际智慧不足的说话者和"己所欲强施于人"的行动者,最容易犯下第二类型失误。当我们开口说"我是为你好",并且打算强迫别人做某些事情或抉择的时候,就要当心伦理失误了。善意不能成为美化恶果的借口,避免第二类型失误的最佳策略是:多观察自己语言表达的客观效果,多开放讯息接受者的回馈,多尊重互动对象的意愿和选择。己所欲拟施于人之前,应先确认己所欲是否亦人之所欲。

附注

1. 若以说话者的意图为"正确意义",阅听者的理解当然也有失误,但不适合用表1架构来分析,比较适合采用诠释学或建构论的观点另文分析。

我家也有"爱因斯坦"

培养"爱因斯坦"的积极做法有哪些？家庭也许不容易提供系统性科学知识，但却在学习氛围、学习资源、动机支持和生涯选择等方面，扮演最关键的角色。

2012年，爱因斯坦的曾孙保罗·爱因斯坦（Paul Einstein）造访武汉，有人托媒体问他："爱因斯坦小时候吃什么，才那么聪明？"他沉思了几秒钟，然后微笑着回答："爱，是父母能给予孩子最好的'食物'。"[1]

家庭是每一个人最初受教育的地方，也是最长久受教育的地方。家庭对个人最大的影响，往往不是父母呕心沥血的管教策略，而是挥之不去、处之不觉的家庭气氛。刻意的培养或善意的控制，虽然对孩子有重要的影响，但往往"有心栽花花不开"；自然的互动或无形的气氛，虽然无意影响孩子，但往往"无心插柳柳成荫"。家庭和学校该怎么做，才可能培育出爱因斯坦？

提供他自由开放、乐趣无穷、没有专制束缚的家庭气氛

爱因斯坦的家庭，是一个正往高处爬的犹太家庭，虽然经济状况不太稳定，但家庭气氛自由开放、乐趣无穷、没有专制束缚。父亲生意虽然普通，但常和爱因斯坦的哥哥制造电器设备，此举引起了小爱因斯坦的好奇；母亲有教养、有理想，关爱但不溺爱孩子。这个家庭自认为是"自由思考者"，对宗教缺少兴趣；没想到，小爱因斯坦反而认真参与宗教仪式，直到青少年时期大量阅读书籍之后，才以哲学和科学的研究取代了宗教的探索。

倾听他述说各种疑问与想象

大部分孩子其实都很像爱因斯坦，充满着各类疑问与想象；大部分父母或老师都急着给孩子答案，或急着对孩子的

想象进行评价。其实，答案与评价都不是重点，如何保持孩子这种强烈的好奇心才是重点；如果答案与评价弭平了孩子的好奇心，那么宁愿不要提供任何答案与评价，只要倾听他述说各种疑问与想象即可，因为倾听本身就是一种非常有效且无副作用的增强方式。

爱因斯坦小时候对某些问题的好奇与思考，保持了好几十年，这些对于未知的好奇，也多少影响了他日后的研究领域。所以，多元智能大师霍华·加纳在《创造心灵》（Creating Mind）一书中，给爱因斯坦的标题是"未泯的童心"。[2]

允许他对某些东西（如零件）或游戏（如拼图）很着迷

爱因斯坦小时候玩拼图游戏很认真，对于所有会动的零件都很着迷，这不是什么特点，因为很多孩子都有类似的行为，只不过认真玩的游戏或着迷的对象不一样罢了。但"认真"与"着迷"确实是杰出创造者的必备条件，杰出的物理学家必然对某些自然现象很着迷，杰出的计算机工程师必然对玩计算机很着迷，杰出的画家必然对构图、色彩与美感很着迷。只要着迷的对象不伤身心、不伤他人，那么，着迷的能力值得珍惜，因为，"认真"与"着迷"反映出强烈的专注力与内在动机，并自然构成"毅力"的基础。

允许他专注地为一个问题连续工作几小时、几天或思考几十年

专注力大概是所有杰出创造者的必备条件，所以，有些发明家为一件工作废寝忘食，为一个问题三过家门而不觉。同样的，爱因斯坦也以专注力的持久而著称，他能为一个问题连续工作几小时或几天，甚至为某些问题思考了几十年。专注力就是毅力，毅力不是道德特质，而是对某种事物产生高度兴趣，或对某种工作产生成就感时的自然表现，它的动力不是外在增强，而是解决问题时的满足感或完成工作时的成就感。

允许他静静地自由思考

爱因斯坦从小就喜欢独处与思索,而不是一个热衷于社交的人;的确,社会互动的次数太频繁,会使一个人缺乏时间思考,或者会使思考缺乏深度。过去的许多研究发现,单纯透过社会互动历程来进行脑力激荡,并不能使创意的质量提升,脑力激荡团体中的成员必须有时间回去思考,才能提升脑力激荡的质量。从此一观点来看,政府首长若忙于剪彩、演讲、会客、参与活动,却没有时间坐下来静静思考,可能创意和决策的质量都会降低。让孩子有时间坐下来思考,有时间进行反思,确实是培养孩子成为杰出创造人物的好方法之一。

让他有机会与志同道合的朋友分享思考与情感

爱因斯坦虽然比较喜欢独处与思考,但他也不是一个孤僻、自闭的人物,他在想到好问题时,也会说给他的好朋友听,长大之后,则常说给他的同事或妻子听。他也能组织兴趣相同的人，分享思考，例如他在联邦理工学院毕业之后，就与几个好友经常聚会，制订读书计划，有系统地阅读哲学与科学著作，并一起旅行、野营、游泳与激辩，这一群小团体被昵称为"奥林匹亚"（Olympiad），他们的聚会其实是每一个成员（以爱因斯坦为首）试验自己思想的机会。

原谅他偶发的脾气、对传统的反抗，与对熟知主题的自豪

安静的小爱因斯坦，有时候也会有偶发的脾气，例如他曾经有一次要用椅子砸他的家庭教师。此外，他对权威或僵硬的制式教育也表现出反抗，他在德国的天主教学校接受小学教育，过得很不愉快，尤其不喜欢军事化的管理，以及死记硬背的科目，但对熟知的主题则表现出自豪的态度。

接纳他的平凡

由前一段可知，爱因斯坦的童年相当平凡，甚至有一点

适应不良；他的适应不良其实是一个自由思考者，面对强烈束缚的环境时常有的现象。他的青少年与青年时代，从外在成就看起来，也相当平凡，因为，他第一次投考理工学院未被录取，进入大学后也没有遇到显赫的名师，大学毕业后想谋教职也被拒绝，没有人看出这一个青年的非凡潜能。

不平凡的伟人，不一定有不平凡的童年，但有许多"事后诸葛"会为他们创造不平凡的童年故事；反过来说，平凡的童年，可能孕育不平凡的杰出人物，这种长期、非线性的心理发展，即使智慧深厚的人也不一定能观察或预测得出来。但接纳孩子的平凡，给孩子多一点发展的空间，或多一点探索潜能的机会，总是不会错的。

提供他自由、人道、纯朴、诚挚的学校气氛

当爱因斯坦进入瑞士一所在当时比较进步的州立中学就读，他的学校经验有了一百八十度的大转变，因为该所中学深受教育家裴斯塔洛齐（J. Pestalozzi）的影响，用人道、自由主义的精神对待学生，重视学生动手实践，也重视理论科

学,保留着学生的论文。爱因斯坦在该校结交了许多知心朋友,他甚至在晚年,逝世前的一个月,仍然回忆起该所中学的自由主义精神与纯朴诚挚的作风。

提供他优良、知性的课外读物,鼓励他阅读

爱因斯坦从小就喜欢阅读,特别是青少年时期,经由一位大学生的协助,他已经开始阅读许多有关力和物质的畅销书,甚至阅读康德(Immanuel Kant)和达尔文的著作;透过阅读这些哲学与科学的著作,奠定了爱因斯坦的世界观基础。大学时代,他仍然高度仰赖自修,阅读许多物理学大师的经典著作,尤其是有一位默默无闻的物理老师佛波(A. Föppl)的作品,对他极具启发性。佛波关于电学和力学的著作,深入浅出,连初学者都看得懂;但也极具深度,足以点出可能的哲学问题与具有展望性的思考方向。爱因斯坦后来所提出的相对论的基本原理,有许多概念和想法遥遥呼应佛波的作品。

爱因斯坦虽然从大学毕业了,却仍然组织"奥林匹亚"

读书会，透过有系统地阅读科学与哲学著作，成员间相互交换心得。由此可知，大量阅读优良课外读物，实在是爱因斯坦最重要的知识来源。

美国教育测验社（ETS）在1991年对世界各地中小学进行"国际数理教育"评鉴时就发现：台湾地区学生的数理科笔试成绩表现，虽然在全世界名列前茅，但自行阅读课外书籍的比例却极低，远远落后于其它地方[3]。目前，教育单位对于提倡阅读运动不遗余力，有其深意。对照爱因斯坦的成长经验，实在值得许多教师与家长深思。

附注

1. 数据源：台湾新华网转载自《中国青年报》，二〇一二年三月十九日。
2. 本文关于爱因斯坦数据，主要参考自：Gardner, H. (1993). Creating mind. 林佩芝（译）（一九九七）。创造心灵：七位大师的创造力剖析。台北：牛顿。
3. 杨荣祥（一九九二）。科学教育世界第一？——由国际数理教育评鉴结果说起。中等教育，四十三卷二期，页八～二一。

你要培养理性的孩子吗?

理性的孩子不盲从。不盲从朋友、媒体、威权,也不盲从父母。你愿意培养理性的孩子吗?当你遭遇孩子理性的质疑或挑战时,你会生气或高兴?

理性的孩子,也许会挑战父母的权威,也可能不遵从父母的指令。

你要培养理性的孩子吗?请听听这个故事:

儿子又晚归了,超过父亲定下的时间红线,父子双方再度为此事争得面红耳赤。突然间,儿子住了口,然后一字一字地说出:"爸!再这样吵下去也不是办法,我能不能请你把我刚刚说的那句话,再说一遍给我听?"

"啊?"父亲吓了一跳,压根儿也没想到儿子出这个怪招。"你说……你说:'做父亲的太能干,当然看不起儿子。'"

"不对,你再想想看,我是这么说的吗?"

"那你怎么说的？你自己说过的话，为何不再说一次？"

儿子突然间笑出声来，说："你看！从头到尾，我说什么你都没有在听。你说的那些话是你自己想的，我根本没这么说。我们不是要沟通吗？那么，我说什么，你重复一次给我听，然后再轮到你说，我来重复。"

"我哪有那么多美国时间在那边重复来、重复去？你是真的想气死我啊？"

"爸，我们就试试看吧！否则这种争吵会没完没了的，你再想一想我到底是怎么说的？"

父亲想了想，终于承认："我真的想不起来，你再说一次好了。"

"好。我刚刚说：'父亲很能干，儿子一方面很佩服，一方面怕自己跟不上，心里多少有点压力。'"

当父亲仔细倾听、冷静一想，儿子说得合情合理，自己怎么会那么激动？

结果，这天晚上，俩人竟然可以谈话两个小时而不吵架，这可能是自孩子长大后，父子俩第一次促膝长谈。

理性沟通

讲理的孩子不好狡辩,当面对意见相左、需要沟通时,不会得理不饶人。理性的人擅于倾听和精确理解别人。

"理性"有很多层面的意义,例如:

- **概念理性**:尽力降低模糊、暧昧或误差。
- **逻辑理性**:尽力追求逻辑一致性,避免前后矛盾。
- **法学理性**:讲究怀疑、挑战、批判、辩护、要求证据等态度。
- **经济理性**:计算"成本—效益"比的能力,尽力追求最大利益。
- **科学理性**:关心实证或否证的态度,追求与当代科学观相容的世界观。
- **道德理性**:追求良善、合适的手段,来达成有价值、有利于人类的目标。
- **决策理性**:尽可能评估所有可得的讯息,根据最好的理由做出最佳的选择与行动。

所以,"理性"是科学的核心态度,也是哲学的核心议题,想要彻底了解"理性",可以写上百本书来说明。但是,"理性"放在家庭沟通情境中有一个重大意义,就是理性的人面对冲突而不冲动。

人际沟通经常出现三种型态:

虚假的沟通:说话者都在各说各话,只想说服别人、改变别人,却没有倾听别人说些什么。即使有听到一部分,也不断在扭曲别人的意思,而自己的原有信念则固若金汤;也有人态度柔软,但翻来覆去只是变换言词、辩护自己的立场。严格地说,这种情境不能算是"沟通",只能算是"集体独白"。

冲动的沟通:说话者都在发泄情绪,只想攻击对方、伤害对方,并且把伤害的范围不断扩大:从现在骂到过去,从过去骂到祖宗,从自家骂到双方父母家;从语言转成行动,从摔花瓶变成甩巴掌。愈没创意的肥皂剧愈喜欢上演这种戏码,来表现冲突的高潮,同时也示范了一种愚蠢而危险的沟通型态。

理性的沟通:参与者都具有善意和真诚的态度,将沟通目的锁定在解决问题,而非评价或控制别人。说话者不只是擅于表达自己的重点,而且擅于倾听别人和掌握别人说话的重点。他们都非常讲理，在质疑别人时必会提出良好、具体的理由。他们也非常服理，当受到别人良好、具体的质疑时，会就事论事、跟随证据或好理由而接纳新观点。

依此概念来看，前述故事的父子都算颇为理性，甚至儿子比父亲更理性。

独立思考

我们再来看这个故事。

一对父女在开车时聊天，女儿略带疑惑地问："我是不是太理性了？"

父亲："为什么？"

女儿："同学问我有没有叛逆期，我跟她们说：'好像没有。'她们都很讶异，觉得我这个人太理性了，不像正常的青少年。"

父亲："其实理性的人不是没有叛逆，而是具有长久的叛逆。因为，理性的人会独立思考，经常要对主流思想叛逆，要对同侪压力叛逆。所以，你的'叛逆期'很长，是一辈子，但你不会无理叛逆。"

女儿平静而理性地说了一句:"也对!"

许多青少年掉入吸毒陷阱的关键原因之一,就是受到同侪压力,对同侪压力不够叛逆。许多染上毒瘾而接受治疗的个案,在接受研究或访谈时,经常提到,他们第一次接触毒品,都是因为朋友劝诱"K他命不是毒品啦""拉K不会入狱啦",或因为同侪嘲笑:"你不敢试喔?卒仔(胆小鬼)!"结果就大胆尝试了,没想到一试之下并没有立即上瘾,心防就放松了,后来就一试再试,陷入恶性循环,终致成瘾受控、膀胱纤维化而不可自拔。

理性者不盲从。但因为不盲从朋友、媒体、威权或陌生人,所以也不盲从父母。你仍然愿意培养理性的孩子吗?当你遭遇孩子理性的质疑或挑战时,你会生气或高兴?

赞美的风险

不是每个孩子都能从"你很棒!"的赞赏中受益。了解孩子不同阶段的需求,给予"说到心坎处"的适切称赞,才能让赞美发挥效益,成为孩子进步的动力。

情境一

读幼儿园的仁杰兴奋地跑来,拿了一张他的画作给你看。你很热烈地赞美说:"你画得这棵树真漂亮!"他一脸失望地回说:"这是精灵,不是树。"

情境二

仁杰升上中学的第一天,数学老师为了检视班上同学在小学时期的基础,出了一张题目简单的考题作为诊断,结果仁杰考了九十分。

发考卷时,老师特别鼓励了他一下:"仁杰,你很棒!

考得不错。"请问：仁杰会很高兴吗？

情境三

中学第一次英文段考结束，仁杰和文华都考了九十八分，同列班上最高分。

老师发考卷时，对仁杰说："你得九十八分！"但发给文华却特别赞美："哇！你得九十八分耶！太棒了！"

请问：老师心目中，是仁杰还是文华的英文能力比较好？文华知道自己和仁杰分数一样后，他会觉得是自己还是仁杰的英文能力比较好？

情境四

仁杰读高中了，他花了一学年的时间，非常专注地投入一项兼具信息科技、力学原理和环保功能的发明，作品完成后参加科学展览获奖。

物理老师赞美他："赞！你一定花了很多时间，你这么努力、这么有毅力，难怪有这么好的成绩，继续加油！"

请问：为什么仁杰听完赞美后，却感觉自己在发明方面的能力好像不够强？

多数人喜欢被赞美，但赞美不见得有益

情境一分析：父母若非学艺术，经常不知不觉采用写实主义的观点看待孩子的画作，想要赞美，却因错误诠释而引发失望。其实，父母不必急着判断孩子画了什么，可以用提问的方式表达兴趣与好奇，并倾听孩子的解释，才是最佳赞美策略。

情境二分析：仁杰知道考试题目是小学程度，自己应该考得好。受赞美时他会感觉到老师对自己的能力期望不高，犹如我们问一个台大外文系的学生说："TV 代表什么意思？"他说："电视。"我们便称赞"你好厉害！"一样，他会觉得我们把他当幼儿园程度看待。

情境三分析：仁杰和文华（在英文领域）表现一样好，但老师只赞美文华，根据教育心理学的研究显示，包括文华本人和旁观的同学都会判断：文华和仁杰相较之下，老师对文华的能力期望较低，所以老师对文华的表现颇为意外，特别给予赞美。老师的赞美暗示文华的英文能力逊于仁杰。

情境四分析：老师极力赞美仁杰的努力而非能力，可

是，许多教育心理学的研究显示：较年幼的孩子（大约十岁以下）认为能力是后天的，努力愈多，能力就愈强，努力和能力之间呈现一个相互加乘的关系；但较年长的孩子（大约十岁以上）逐渐转而认为能力是先天的，努力愈多，代表能力愈不够强，努力和能力之间呈现一种相互补偿的关系。有些青少年（高中生最明显）喜欢躲起来用功读书，至于和同学相处时，则刻意表现一派轻松、非常不用功的样子，就是想营造"你看！我不必努力也能考高分，我的能力很强"的印象。所以，仁杰有可能推测："老师认为我要花很多时间、很努力才可能有这种好的表现，可见我在科技发明方面的能力并不强。"仁杰的能力感若降低，将来投入这方面的努力也会降低，结果，老师赞美的立意良善却不知事与愿违。

"有感赞美"的三大策略

策略一：诚恳是赞美的首要条件，不只表达出真心的欣赏，并且说得出具体的理由。礼貌的、例行的、仪式的或习惯性的赞美，也许有助于软化人际关系，但其内容通常不会被当真。此外，夸张的赞美让人感觉违反事实，抽象的赞美让人感觉空洞，都是一些无感的赞美。

策略二：赞美孩子后天可改变的特性，例如努力、尝试的勇气，和学习策略的有效性等，比赞美其固定的天赋更有帮助。但赞美努力时，要同时传达"能力是努力的结果""没有努力就不能把天赋发展成为能力""天才是九十九分的汗水与一分的灵感"等概念。事实上对个人成就而言，先天遗传与后天努力各占几分之几并不重要，两者同为必要条件，宛如水分子是由两个氢和一个氧化合而成，缺一不可。

能力感是个体对自己的能力之主观知觉，但经常不正确、不稳定。过度自信的人会高估自己的能力，自卑的人会低估。个体通常透过人际比较或解决问题的经验来调整能力感，但人际比较通常极不稳定，只要换个比较对象或群体，成败就可能立刻相反。所以，赞美孩子时最好不要涉及人际比较，而是鼓励他进行自我比较，指出他的进步与自我超越，他才能稳定地强化能力感。此外，当孩子完成对他而言是简单的任务时，也不要画蛇添足去赞美他，否则他可能察觉你对他的能力期望很低，因而降低能力感。

策略三：赞美是一种评价，但评价可能是一种控制。当成人的赞美对孩子透露控制的意图时，会伤害其内在学习动机；长期的评价并可能使孩子终生对于外在评价过度敏感、在意和倚赖。一个过度在意评价的人，一生都会活得很辛苦。因此，**最佳的赞美策略不是给予评价，而是用心倾听并表达好奇、珍惜、高兴和感兴趣**，必要时伴随诚恳、具体、理性、有用的讯息回馈。

哪种奖赏最管用？

孩子考得好，就送他手机当作奖励，好吗？使用约定式外在奖赏的老师、家长，请三思。

假设有甲、乙、丙三个年龄相近的孩子，分别生长在三个家庭，都很喜欢绘画，自由活动时间总是在玩水彩或画漫画。你对某甲说："你画得好棒，我给你一周的时间，如果你至少完成三幅作品，就可以来换取你要的游戏机，你愿意吗？"前提是你确定这三个孩子都喜欢某款的游戏机。

某甲点点头，一周过后，他依约完成作品，如愿换取游戏机。某乙也完成了至少三幅作品，你也给他游戏机，让他有意外惊喜。某丙也完成了数量相当的作品，不过没有拿到也不知道有游戏机。奖励活动结束后两周，你回去观察他们在自由时间的活动，竟然发现有一位明显减少绘画行为，你猜会是哪一位？

一般人都猜某丙，因为他没有获得奖赏。至于其他两位，因为都获得奖赏，"理"应增加绘画行为。岂知这个"理"是行为主义，假定人和动物在本质上一样，趋乐避苦，受奖赏的行为会提高出现的频率。但认知心理学家却发现，人心比其他动物的思考要复杂许多。当这三个孩子反省自己为什么过去这一周画了许多作品时，某甲会很明显地发现自己是为了游戏机；某乙比较不会归因于游戏机，因为他原先并未预期得到游戏机；某丙没有得到任何外在奖赏，会觉得自己是因为喜欢画画，所以画了许多作品。画画对乙、丙来说都是一种有趣的玩乐；对某甲来说，却变成一种换取酬赏的工作，故当酬赏结束后，某甲的工作动机就会降低。

早在三十余年前，许多教育心理学实验就已经发现这种结果。他们观察或实验的对象通常不只三人，而是三组或三班的学生；学习活动除了绘画之外，还有数学与阅读等。他们都得到类似的实验效果：契约式的外在奖赏会侵蚀内在动机（intrinsic motivation），把游戏变工作。

何谓"内在动机"?

无论是"内在"或"外在"动机,都内在于心理。但"内在动机"特指内在于事物或活动本身,也就是说,学习者认为所学的事物或活动本身就是目的,觉得这些事物或活动本身有趣味、有意义、有价值、带来挑战与成就感等;而"外在动机"则意含事物或活动本身不是目的,学习者觉得所学的事物或活动本身没有趣味、意义或价值,只是把这些事物或活动当成工具,用来换取外在酬赏或避开外在惩罚,犹如幼儿吃药只是为了糖衣。

学习者如果觉得学习过程虽然辛苦但很有趣,虽然困难但想挑战,虽然会失败但有成就感,虽然无知但渴望知识,虽然冗长但忘掉时间,这就是拥有高度内在动机,是学习的最高境界。学习者如果觉得学习过程辛苦而且无趣、尝试错误带来惩罚、知识独断而且枯燥,读书只是为了排名、得奖、通过考试、避免考不好让父母没面子、避免被"少一分打一下"等,这就是典型的外在动机,是学习的悲哀!

什么样的奖赏,会削弱兴趣、侵蚀内在动机?在下列三个条件配合之下，可以达到最强效果：第一，采用具体、物质性的奖励品，而非社会性的赞美而已；第二，采用孩子最喜欢、最在意的奖品，而非他可有可无的奖品；第三，和孩子事前订立契约，其形式大致如下："你如果……我就……。"例如："你如果写完这十题数学，我就给你看电视一小时""你如果练完这三首钢琴曲各二十遍，我就送你一本漫画""你如果这次期末考可以排进前三名，我就带你出国旅行五天"等。

如何把游戏变工作？

某高级住宅区周围有一面干净的外墙，有个孩子放学后经过这里，就会随手用石头在外墙上乱涂鸦。有个居民看到孩子乱画，就跑去大声制止，孩子随即一溜烟地跑了，但隔天放学后仍然回来画得不亦乐乎。

这居民转念一想，就对孩子说："你画得不错，我出十块钱请你帮忙在墙上画十分钟，你愿意吗？"孩子点点头，拿了十块钱，帮忙画了十分钟。隔天放学后孩子又来了，这居民说："我今天口袋里只有五块钱,你可以帮忙画五分钟吗？"孩子勉强点点头,画了五分钟。隔天放学后孩子又来了,这次居民说："对不起,我今天忘了带钱,你可以免费帮我画吗？"孩子摇摇头说："这工作很辛苦！没钱,我不画了！"

如何把工作变游戏？

小说《汤姆历险记》（The Adventures of Tom Sawyer）中有一段描写汤姆被婶婶处罚刷油漆,汤姆刚开始对着墙壁既郁闷又哀怨,后来发现有一群孩子走过来,他知道这群死对头一定会嘲笑他,就假装刷得很快乐。对方不相信,还是嘲笑他,但他解释了刷油漆的难度与妙处,一面吹口哨,一面显得很珍惜。对方还是不太信,希望试一下,但汤姆断然拒绝。最后,对方愿意用一些玩具交换刷油漆的机会,汤姆才勉强答应。这一段转换过程的描写,真是马克·吐温（Mark Twain）的一绝,让我读后三十年,仍然印象深刻。

当孩子在学习历程当中很投入、很专注、很享受的时候,这个历程本身就是奖赏,千万不要再用约定式外在奖赏强化它,若多此一举,将后悔莫及。至于要不要给孩子意外惊喜,这是情感的经营,不要和学习挂钩。

拿手足互相比较的代价

华人父母常常拿手足或是孩子与他人做比较,希望孩子可以"见贤思齐",小心没有达到求进步的效果,却伤了亲子或手足间的情感。

某日,有一位家长苦恼地问我:"我那两个孩子经常跑来互相告状,怎么办?"我试探性地问:"你是不是常拿他们做比较?"

他说:"对!我希望他们互相学习。"

我说:"还好,你没有惩罚比输的那一个,否则,他们不只是互相告状,还会互相视如寇仇!"

没进步反坏了手足之情

根据调查[1],台湾地区的孩子约有七成曾听父母说过手足比较的话语，最常出现的比较是"学业表现"和"行为规矩"，并且要求劣者要向优者学习，例如："你为什么不学学你哥哥""你要多跟姊姊学习""弟弟的功课表现这么好，为什么你不行""你就是不多学学你妹妹，才会功课表现不好"等。孩子被比较之后，无论输赢，都感觉不好：比赢的人多半觉得尴尬、难为情；比输的人大多觉得生气、不公平。比赢的愈是洋洋得意，比输的愈是羞愧生气，手足感情愈是破坏无遗。

俗话说："人比人，气死人。"手足比较中，比输的孩子为了维护自尊、争回面子，最常采用的策略不是见贤思齐，而是告状。因为见贤思齐意含承认自己不如别人，而告状意含否认别人比自己好，所以，前者会威胁自尊，而后者可以保护自尊。见贤思齐是圣人的言论，至少需要三大条件：一、比较的标准受到接纳；二、比赢的人受到比输的人认同；三、比输的人既谦虚又具有自信。许多父母自己都做不到见贤思齐，却希望孩子做得到？

有些孩子即使不告状，而显现出更努力的样子，心里面也并非怀抱着"见贤思齐"的心情，而是想击败对手，结果就形成了竞争的关系。有些父母也许真的是想利用手足竞争的关系去激励孩子，但是，竞争的潜在代价就是：手足之间互看两相厌，手足关系逐渐疏离或反目。

帮孩子挡下亲友团评比

当父母有偏心的时候，对孩子所进行的比较将更具杀伤力，因为上述"见贤思齐"的前两大条件将荡然无存，而且比输的人常会累积对父母的怨恨，攻击的对象不仅是手足，而且扩及父母。如果父母恰巧又有使用体罚作为管教的策略，那么，孩子中的输家也会对赢家进行暴力攻击。年纪小的时候，这种攻击可能是背后的，趁父母不在场时进行；年纪大的时候，这种攻击就变成公然互殴，宛如寇仇。手足之间竞争的资源也不再只是父母的恩宠与评价，而是包括父母的房子与遗产。

父母对孩子产生偏心的原因千奇百怪。有的父母偏爱老大，有的偏爱老幺；有的父母偏爱男生，有的偏爱女生；有的父母迷信算命嘴，算命的说："老大会克父母寿命，老二会带来财运。"父母就偏爱老二，讨厌老大；有的父母偏爱好成绩的孩子，有的父母偏爱长得和自己较像的那一个。不论如何，一有偏执心，言语和行动就会显露出比较。

华人父母似乎比欧美社会更爱比较，即使只有一个孩子，也可以拿大伯、二叔、三姑、四姨、邻居、密友、同事或昔日同学的孩子来比一比。比赢了，就私下暗喜；比输了，就要孩子加紧学习。但欧美社会在个性主义的氛围下，更强调独特性，甚至连儿歌也经常出现"你和别人不同""你是独一无二"之类的歌词。人本主义尤其强调人的独特性和不可被比较性。

在华人文化当中，父母即使愿意珍惜孩子的独特性，孩子仍然很难免于被比较。最常见的是亲朋好友间的聚会，充满善意却不识相的赞美"妹妹长得比姊姊还漂亮""弟弟长得比哥哥还高""老大好像比较会读书喔""老二好像比较有才气"等。孩子总是显得尴尬或不悦，若太明显，父母还得提醒孩子一句："要有礼貌。"其实，有勇气的父母，大可提醒这些善良的人说："孩子们不喜欢被比较，他们各有特色。"

鼓励孩子进行自我比较

有时候,孩子从学校回来,可能带着悲伤的眼神告诉你:"老师和同学都问我说,为什么姊姊的成绩那么好,但是我的成绩那么差!"有智慧的父母,这时还要协助孩子顶住学校压力,坚定地告诉他:"不要和姊姊比,你们年纪不一样;不要和任何人比,每一个人都不一样。你只要和自己比,今天有比昨天进步,这个星期有比上个星期进步,今年有比去年进步,你就是好孩子。"

孩子也可能受到文化浸染,自己开始不知不觉地和别人做比较,或者有一天从学校回来哭丧着脸告诉你说:"今天演讲比赛,我输给小明了。"这时,父母可以试着帮助孩子把比较的标尺打弯,例如回应说:"你会猜拳对不对?石头赢剪刀,剪刀赢布,布赢石头,比来比去,你觉得谁最厉害?演讲比赛,你输给小明;绘画比赛,小明输给小英;下棋比赛,小英输给你,你觉得谁最厉害?"

总之,人际比较弊多于利,父母要珍惜每个孩子的独特性,不求见贤思齐,但求各有特色、日有进步。鼓励孩子欣赏自己并欣赏别人，避免将人际比较强加于孩子身上，尤其要避免偏袒与惩罚输家，而且要排拒外人无端强加于孩子身上的比较，然后协助孩子对社会比较的标尺进行检视、批判、转向和多元化，让孩子最终能够超越社会比较。

附注

1. 吕信慧（二〇〇二）。《家中手足比较讯息与手足关系之研究——以学业表现为例》。台湾政治大学心理系硕士论文，未出版。

孩子铸成大错,谁该负责?

影响青少年犯罪的因素,包含了社会、家庭、学校和个人,其中,家庭关系的质量,更关乎孩子从小的人格与道德发展。

新闻节目常出现这样的画面:某个年轻人犯了严重罪刑(例如情杀好友或酒驾撞死人),父母出面向被害人家属跪拜道歉,恳求原谅;但是也有父母冷淡以对,表示孩子深受帮派、同侪团体或大众媒体影响,自己早已管不动孩子,希望孩子去坐牢。

究竟一个人的过错,家庭要负多大责任?当然,不同家庭对孩子有不同影响力,并随孩子的年龄而异。但一般来说,影响青少年犯罪的因素,依影响力大小顺序至少有四类:社会、家庭、学校和个人[1]。

家庭的影响

家庭的影响力虽小于社会，但为何大过学校呢？

在知识学习方面，学校对孩子的影响力大于家庭，因为学校有不同专业背景的师资、高度系统化的教材，以及必要的教学设备，通常不是家庭所能提供。但在人格与道德发展方面，家庭的影响力却可能胜过学校，因为人格与道德的培育，比较仰赖自然的互动、价值的认同、生活的实践与长期的熏陶，而非直接的教导、价值的中立、教室的实验与课堂的转换。

家庭内的互动是在自然生活情境下的个别化互动。因为自然，价值传递是在默会（implicit knowing）中不知不觉地进行；因为不知不觉，不会诱发抗拒；因为个别化，更贴近个人需求；因为生活化，更有机会实践。此外，家庭成员通常稳定（除非遇婚变等特殊情况），所以影响力也较稳定持久，不像学校常随科目和年级而更换教师，以至于每位教师的影响力比较短暂，甚至教师之间的价值观还常互相冲突抵消。当然，家庭之内，如果父母之间的价值观互相冲突，孩子也会陷入矛盾而无所适从，因而降低家庭对孩子的影响力。

家庭关系好坏更胜管教态度

在父母的管教态度方面，最可能促成青少年偏差或犯罪行为者，依次有三大类：一、拒绝、疏离、忽视、冷漠的态度；二、过度严苛、独裁威权、好用处罚的态度；三、父母分歧、前后矛盾、缺乏原则的态度。

而从正面管教态度来看，最可能防范青少年偏差或犯罪行为者，依次有三大类：一、心中有爱且善于创造亲子相处时的正向氛围；二、民主尊重但谨守理性道德原则；三、原则前后一致且父母双方一致。

在家庭关系方面，父母的婚姻关系会影响亲子关系，亲子关系会影响兄弟姊妹的手足关系，三类关系构成家庭关系的整体氛围，其影响力比父母管教态度更强（见图1）。

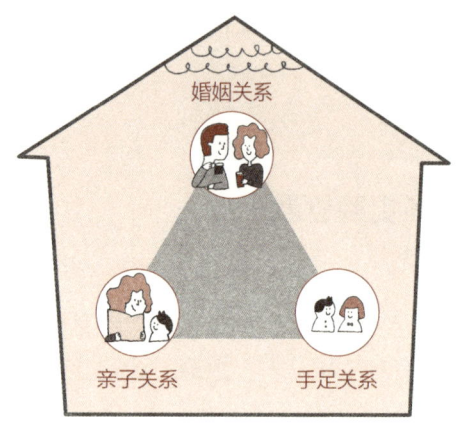

图 1 家庭关系三元素

家庭关系的质量是重大关键,在正常家庭氛围下,父母亲关系较平等、价值观较一致、婚姻较和谐、很少公开争吵,对孩子表达关爱时不会感到难为情,即使唠叨也不失真情,即使权威也不失理性;面对孩子犯道德上的错误时,会生气、责备、解释原因、变得更严格。当孩子遇到困难或挫折时,愿意找父母寻求忠告;全家常在一起活动(运动、郊游、拜访亲友等),一起消磨休闲时间或发展共同兴趣。

相对而言,在较可能孕育偏差或犯罪行为的家庭里,父母较常出现下列沟通方式:擅长以吵架或暴力相向,不擅长用沟通方式解决冲突，彼此之间很少相互体贴或共同活动；父母常以处罚方式威胁孩子，但又常常没有执行；父母对孩子表达关爱时会有点难为情，其中尤以父亲为主；有些父母会偏爱某个孩子或过度溺爱，溺爱时偏好物质方式且缺乏是非原则；当孩子犯道德上的错误时，父母比较不会震怒，但在事后又无法真心原谅孩子。

此外，在亲子互动模式上，由于亲子互动时间不多，沟通经常无效或潜藏敌意；亲子间缺乏共同嗜好或活动；孩子不喜欢待在家里，晚上喜欢外出，即使留在家里也宁愿独处；孩子对父母的评价偏低，即使认为父母意见可能有帮助，也很少找父母商量问题或讨论自己的将来；此外，手足关系也较不融洽。

在家庭关系之中，最严重的变态关系是虐待（包括性虐待、身体虐待或精神虐待等）。儿童若被长期虐待，不仅在心中植入愤恨、绝望与矛盾的心情，并在往后的发展种下犯罪的因子；甚至在长大、成家、生子之后，将当年被虐待的经验复制在自己的下一代，产生病态文化的世代遗传。

上述许多因素和家庭社会地位及经济地位有关，但那是父母更难掌控的层面，属于社会贫富差距结构的一环。

家庭之外的影响也不容忽视

除了家庭因素,学校里的教师排斥、同侪霸凌和学业成就低落等因素,可能导致孩子厌学、低自尊和偏差行为。社会因素则包含了小区因素(贫穷或恶质环境等)、帮派因素(毒品滥用或组织犯罪等)、休闲因素(特种场所或不良网络等)、大众传播(暴力节目或犯罪手法报导等)、文化氛围(过度功利或价值观扭曲等)及失业因素等,其中许多社会因素皆可穿透家庭、渗透校园,故影响力最大。

传统上,许多人一听到"教育"两个字,总是直接联想到"学校",甚至将"教育"等同于"学校教育",而将教育孩子的责任完全推给学校。事实上,家庭、学校、社会本是教育的三环一体,缺一不可。反过来说,我们若只关心自己的孩子,或是过度保护孩子,并无法让孩子安全生活在社会中。唯有认真经营家庭,同步关心他人与社会,缩短贫富差距,共构健康社会,教育才会更有希望。

附注

1. 本文部分资料引用自詹志禹、林邦杰、谢高桥、陈木金、杨顺南(一九九六)所做之研究《台湾青少年犯罪研究之整合分析》,台湾行政主管部门青辅会编印。

点·燃·亮·点
扩展教与学
的新视野

找到心流就能学而不倦

孩子容易沉迷计算机游戏,是因为过程中产生心流经验,获得满足感。在学习情境中,若也能提供促发心流经验的条件,自然会让孩子学而不倦。

有人说:"与其给孩子鱼吃,不如教他钓鱼的技巧。"但有些孩子即使学会了技巧,却对钓鱼没兴趣,甚至恨透了钓鱼,怎么办?

我听过许多中学生,在确认考上大学的那一天,拿起他的书包到淡水河边的桥上,把教科书全部倒进河里。我看过许多案例,学了十几年的钢琴,弹琴技巧极佳,却恨透了钢琴;其中有一位甚至在生日许愿时说:"我希望把全世界的钢琴都砸烂。"

反过来说,我也听过许多人沉迷于阅读,感觉文字彷佛有种魔力,埋头阅读时可以废寝忘食;也有许多人陶醉于弹琴，感觉到音乐神奇的力量，专心弹琴时可以人琴合一、物我两忘。

何谓"心流"？

著名的心理学家契克森米哈赖（M. Csikszentmihalyi）发现：人们对不同领域的活动有不同的沉迷，但是在描述处在活动中的满足感受却是相似的。

诗人在创作诗词时，完全失去时间的意识，没有过去、未来，只有投入创作的当下。生物学家在走进实验室、透过显微镜观察微生物的活动时，如同着迷于电动游戏或落入一个美丽幻境，一坐就是三四个小时，浑然不察周遭环境的变化。下棋高手形容自己在对弈时的高度专注，说道："就算屋顶塌下来，我大概也不会觉察。"

自行车参赛者在风驰电掣当中觉得充满勇气与振奋，准备迎接任何挑战，不怕任何失败。攀岩专家在攀岩的当下感觉："我不只是参与攀岩，而是与攀岩合一；我的意识消失成为攀岩行动的一部分，只剩攀岩，没有自我、没有自怜、没有恐惧。"有外科手术医生也提到:"只要一投入开刀,就不会去想到自我或个人的问题,甚至没觉察到自己身体的存在;无论手术多么冗长,也不会感到脚酸或疲累。"还有舞者沉醉于跳舞时,对于时间的速度感产生高度扭曲,实际上五个小时过去了,感觉上却只像几分钟。

契克森米哈赖把上述这类心理状态称之为"心流"(flow),并归纳出六个特征:

- **高度专注**:注意力集中在有限范围之内,范围之外被忽视。
- **行动和意识合一**:行动自动化,不需要意识的控制。
- **自我意识消失**:个体不再观看自我或检查自我。
- **不会忧虑失败**:个体只专注在当下的行动调节。
- **时间感扭曲**:时间在不知不觉中流逝,百年如一瞬。
- **经验本身自我酬赏**:行动过程自我催化,不必倚赖外在诱因。

上述最后一项即指"内在动机"(intrinsic motivation)。换句话说,行动者并不期待外界给予的评价或他人的酬赏,他们的满足感来自于挑战性、克服困难、内在意义和立即回馈。拥有心流经验的人，同时也会自然表现出专注、勤奋、兴奋、有恒、坚毅、不怕失败、挫折忍受力等特质。

家长或学校常将上述特质当作能力、品格或教条，要求孩子学习、培养或模仿，却不知为孩子创造心流经验的重要。可怜那些没有心流经验的孩子，只能悬梁刺股来强迫自己专注；或相信"书中自有黄金屋"来强迫自己勤奋；或牢记"有恒为成功之本"来支持自己维持恒心与毅力。这个过程很苦，所以有人痛苦坚持，有人毅然放弃，也有人叛逆回应。

虽然"教育是成人之美"，但大人们经常误以为东施效颦就可以成就西施之美，却不知西施另有密因。

三条件，促发心流经验

如何帮助孩子拥有心流经验？根据契克森米哈赖的建议，当行动者所面临的任务、作业、学习或工作情境拥有下列三大条件时，可促发行动者产生心流经验：一、目标清楚可循；二、行动过后得到立即回馈；三、挑战与技能之间达成平衡。

许多人之所以沉迷于计算机游戏，就是因为上述三个条件同时存在。

首先，游戏目标清楚可循，如打下敌机、打死怪兽、组合图形、寻找宝物、累积分数等。其次，每个游戏动作的成败皆立即得到回馈，每局的成败皆立刻揭晓，成败讯息绝不会拖延过日；长期的游戏一定包含系列性的短期成败。最后，游戏者绝不会挑战非常简单的游戏，因为那太无聊；也绝不会挑战非常困难的游戏，因为那毫无希望；他最喜欢挑战的等级通常是：成功机率大约在50%至90%之间的游戏。

你如果和一个刚学棋艺的小孩下棋，你棋艺高强，每局都打败他，孩子会觉得很焦虑、有压力、没面子，很快就失去兴趣。就算你再怎么激励他要有风度、要知道"失败为成功之母"，也都很难恢复其学习兴趣。反过来看，你如果棋艺生疏，每局都败给他，他会觉得很无聊、没挑战性，也将很快就失去兴趣。但是如果你有本领让孩子维持在三战两胜的机率，他就会爱上下棋，甚至每次看到你就缠着你下棋。当然，你在调节胜败机率时，务必要非常真实，万一被他看出你故意输棋，你就失去一个棋友了。为防万一，当然你可以帮他找一个棋力相当的棋友。

　　胜负只是成败的一种，成败通常只是代表能否解决问题或达成目标，不一定代表人际间的输赢。总结来说，在学习情境当中，问题的难度和解决问题的能力要平衡，成功的机率最好不要少于一半，成败的讯息要立即回馈；学习者最好能自己选择目标，那就能根据成败讯息来重订自己的目标，以调整成败机率，进而促发心流经验。有了内在动机与心流经验，就能终身学而不倦。

你误解"教学"了吗?

什么样的内容与过程才算是好的教学?喂养学生准备好的知识,还是学欧美开放讨论最好?小心!可别落入只看表面的陷阱。

家长对于"教学"的误解,有时候会成为好教师的焦虑来源,有时候则成为不适任教师的偷懒借口。

有位中学八年级社会领域的教师,平常教学非常认真,不但针对每章节课本内容仔细备课,课堂内容讲述得非常清楚详细,而且帮学生提示重点和整理概念架构,所以天天赶课仍觉时间不足,期末不但剩下两课讲不完,而且还需要额外规划一个配合课程的参观活动。

教师心念一转,就告诉学生说:"这剩下的两课你们要先预习,上课时直接提问,完成参观活动后,你们要结合课本内容和观察所得,撰写两页心得报告。"没想到,有位家长到学校告状,检举这位老师失职,没有"教完"最后两课。老师辗转知道后,很惊讶地问学生说:"最后两课我们有讨论问题呀,并且还结合参观活动,怎么说'没教'呢?"有位学生解惑道:"老师,最后两课的内容,你没有讲一遍。"从此之后,这位老师不敢再规划参观活动,每天拼命赶课,只求将所有课本的内容讲一遍。

许多家长并不知道,教师代替学生阅读课本内容再"喂哺"给学生,最容易养成学生的被动学习。

有一天,这位老师因公务请假,学校指派另一位老师代课。代课老师是语文老师,他对于代课的内容不熟悉,认为学校无故调派代课,增加自己的负担,因此心里很不痛快。上课时,他就把该章课文宣读一遍,但抬头一看,时间还剩很多,他就请甲生再朗读一遍,时间还剩一些,他就请乙生再大声念一遍。放学回家后,有家长问孩子:"今天代课老师有没有教课?"孩子答道:"有啊,他教了好几遍!"

由此可知,家长光凭孩子的回答,究竟能不能分辨,上述哪一位老师才是真正在教学?

光讲解却没促成理解,算教学吗?

许多学生在上完那位代课老师的社会课之后,对主题内容仍然一知半解。于是,终于有些家长觉得这样的"教学"怪怪的,便向学校反映:"这位代课教师的教学虽然有'讲课',但没有'讲解'。"

过了一个学期,社会领域老师要出差,学校仍然请那位语文老师来代课。这次,社会领域老师特别恳请代课老师要讲解课文内容,免得自己回来后要再重新讲解一次。代课老师同意了,他上课时,就开始对学生讲解社会课本内容的文法和修辞,甚至要求学生把课文中的优美词句背诵下来,学生一时之间搞不清自己是在上社会课还是上语文课。

教师搞错教学目标与学科性质,但讲解得很努力,这样的"讲解"算是"教学"吗?

另有一位数学老师是顶尖大学毕业的,非常聪明,学生时代经常考第一名。他成为教师之后的最大烦恼是:自己在台上口沫横飞的讲解,但台下的学生都听不懂。他不了解:为什么这世界上有那么多笨学生?为什么学生不能理解如此简单的数学概念？他认为：学生如果有认真在听，应该都能"吸收"；学生不懂，就是学生不认真；自己讲解过，就算教学的责任已了，学生不懂是学生的责任。

您认为这样的"讲解"算是"教学"吗？

教书而不教人，算教学吗？

某中学有一位英文科任教师，英文很流利，讲授英文也很认真，但是他上课时就只负责讲授英文，其他责任一概不负。例如，班上同学注意力开始涣散、秩序开始混乱时，他就停止教学，坐在教师高椅上，两手交叉盘胸，然后说："风纪（股长）！维持秩序。"他认为上课的秩序维护或氛围经营，不在他的教学责任范围之内。可怜的风纪股长，只好站起来大吼一声："大家安静！"但是学生没有教师的权威地位，也没有专业的训练背景，所以维护秩序的策略有限，故常受到同学的讥讽与抱怨，以至于压力大到想休学，只能诉苦给母亲听，母亲虽然心疼却又莫可奈何。

这位教师可谓最典型的"教书而不教人"。他只管科目不管学生，只管知识不管情意，只管讲授不管动机，只管内容不管班级。当教"书"而不教"人"时，算是"教学"吗？

放任而不引导，算教学吗？

在台湾地区的教室里面，许多教师喜欢说个不停，无法忍受沉默，担心不讲述就会被学生、家长或行政人员认为偷懒。

在欧美的教室里面，许多教师喜欢布题、分派任务、分组教学和巡回咨询，他们针对全班的讲述，大约只占授课时间的 20%，更多时间是个别指导和协助小组合作建构与操作。

有些台湾地区的教师借口学习欧美教育，整节课让学生报告、讨论，自己却做其他事，偶尔只说："很好。"或整节课带学生到户外放牛吃草，自己却躺在树下睡觉。如果这样也能算教学，大概教师只需要幼儿园学历就能胜任。

"教学"的内涵应该至少具备三"动"：主动、互动和行动。

教学要能促发学生主动学习，教师若只倚赖单向讲述，会剥夺学生的主动思考和行动机会；若单纯放任学生探索与发表，却不提供任何适当设计的学习结构及有意义的讯息回馈，会让学生陷入茫然的摸索或失去进步的方向。师生及同侪互动，是合作思考、共同探索、相互回馈讯息、共享发言机会并共创学习成果；教师不支配，也不偷懒，既教书，也教人。教学过程不只是语言互动，最好能引导操作、练习、体验与实践行动，才算是深度教学；学习者要能改变自我、他人、社会与环境，才是深刻学习。

你误解"建构学习"了吗?

一九九〇年代,一群学者将建构理论引进小学数学教科书,可惜许多教师未掌握其中真意反而弄巧成拙,造成家长误解为"白痴数学"。

小学低年级数学课,老师问:"14 + 7 = ?"

小明伸出手指头 10 只,再搬出脚趾头数了 4 只,表征了 14,再往上数了 6 只,共得到 20,但他知道仍少 1 只手指头才构成 7,所以他答:"21。"

小华心想:14 比 15 少 1,7 比 5 多 2,15 加 5 就是 20,少 1 多 2 就是多 1,20 多 1 就是"21",他答。

小英心算:14 比 10 多 4,7 比 10 少 3,两个 10 就是 20,多 4 少 3 就是多 1,20 多 1 就是"21",他答。

小美拿出笔,用直式算出"4 + 7 = 11",10 进 1 就是 20,她也得到"21"。

小风心想：14 是 7 的 2 倍，总共 3 个 7，就是"21"。

快速解题不是学习重点

纵使大家的答案都一样，但解题过程都不一样！这就是建构论的核心观点之一：每个学习者都不是空着脑袋进教室，而是带着不同的天赋和经验进教室，即使面对同样的问题，仍会建构不同的表征方式，采用不同的思考过程和解题策略。

一九九〇年代，台湾地区一群以建构论作为教育理念的学者，在编辑小学数学教科书时，带进了这个观点，在课本中举例显示：不同学生对相同问题会有不同思考过程；在教师手册中指引教师：问题解决策略之不同，反映数学表征与认知发展阶段之不同，因此，不要强迫学生跳跃阶段而径采最有效的解题方式，不要让学生只习得机械、快速而自动化的解题策略，却没有进行数学思考与概念理解。

举例来说，在上述"14 + 7 = ？"的解题例子中，不要强迫孩子一开始就直接采用传统制式的加法（小美的方式），或甚至更快速的乘法"小风的方式"，因为孩子可能没有完成数学的概念理解，却只习得一套快速操作技法。教师可先让学生表达自己的思考方式、解说自己的解题过程和比较同侪间不同的解题策略，当学生发现不同策略有不同的解题效率时，他们就会自然放弃比较繁杂、费时的解题方式，改采比较聪明、有效、快速的解题策略。

建构数学 = 白痴数学？

不料，建构论在台湾地区却完全变了调。许多教师连"建构论"都没听过，更遑论掌握建构论的哲学精神；许多教师在进修研习的时候，只求具体可操作、立即可采用的教学策略，却排斥背后抽象的理论基础，以至于很快就误解了教科书编撰的基本理念。他们模仿教师手册中举例的教学策略，并要求学生模仿课本中举例的解题策略，甚至不准学生使用更有效的解题策略，以至于有些比较快速解题的学生，被强迫使用比较繁杂曲折的策略（例如小风被迫使用小华的策略），一旦使用较快速的解题策略，还会被惩罚扣分。这时，有些家长批评建构式数学为"白痴数学"的声浪就出现了。

教师和家长也在建构自己对于"建构论"的理解，因而同时产生了误解，这恰巧印证了建构论的另一观点：人类对任何事物或概念，都必有建构才有理解，有理解才同步产生误解。试想像一个太极图，建构即太极，有建构历程才能产生理解和误解，宛如太极生两仪，而理解和误解之相互消长，也宛如阴阳两仪之相生相克。

认知心理学家曾经研究学生在学习过程当中，所产生的许多迷思概念（misconception），例如：中学都有教过牛顿（Isaac Newton）的"惯性定律"。

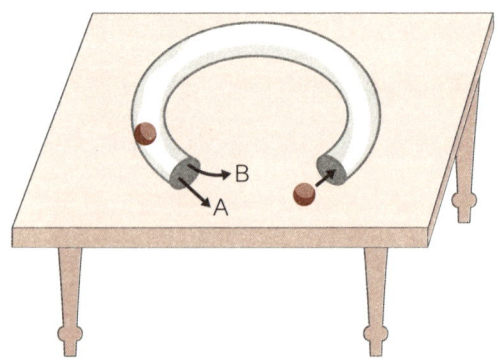

图2　惯性运动实验情境

但请看图 2 的惯性运动实验情境：桌面上平放一条弯曲的水管，一颗小铁球从水管右端快速滚入，从水管左端快速滚出，请猜测铁球滚出水管后的路径是 A（直线前进），还是 B（循水管弯度前进）。

许多人读完中学、大学甚至研究所，还是猜 B，为什么？

因为大部分人在学习"惯性定律"之前，已经对"惯性"一词有所了解。当我们运用这些了解变成背景观念，并用来理解"惯性定律"时，反而可能变成误解，以为铁球行进在弯曲水管中会获得一种曲线的"惯性"，滚出水管后依此"惯性"前进，也就是 B 的路径。此外，中学教师在教导此概念时，也可能过度简化，解说成"物体静者恒静，动者恒动"，以至于没有更正学生的误解，再加上考试只计较分数而没有诊断误解，所以这些误解就成了学生一辈子对"惯性定律"的理解。

许多人误以为迷思概念只发生在学生身上，却不知道每个人都拥有许多迷思概念，包括对"惯性定律"和对"建构论"的误解。

数的理解才是建构学习重点

"建构数学"不如"建构学习"(constructive learning)一词适切,因为,建构论不只适用在数学学习,更适用在自然、社会及人文领域之学习。事实上,愈鼓励多元思考、辩证、创造之领域,愈适合建构学习,数学领域之采用反而最具风险。

但即使针对数学教育,强调概念理解的"建构学习"在目前仍然非常重要。我见过有些小朋友会背九九表,但去超商买六支铅笔,每支四元,却不知道该付多少钱。我见过中学生仍用整数概念理解分数和小数,以为三分之一大于二分之一,误认 0.56 大于 0.8。我甚至见过心算或珠算高手,能运用机械性技巧快速运算五位数以上的连加,却没有数的理解,宛如计算机不理解数字也能快速运算。但是,我们的数学教育难道只想培育计算机而非人脑吗?

我对数学的爱恨情仇

一直到高中时代,我都认为自己语文能力超越数学,大学联考时,更几乎完全放弃数学,到美国就读博士却发现,原来一切不是这么一回事。

黑白光影的教室,老师发下数学考卷,第一题是"$2\times 2\times 2\times 2\times 2\times 2$ 的结果当中,有哪些数字是 5 的倍数?"时间有限,我决定直接算出结果,再看当中有哪些 5 的倍数。我拼命算,但发觉在直式当中有两排数字,各有几十位数字,我拼命乘,但结果很乱,找不出 5 的倍数,找不到计算纸,在考卷上也找不到计算空间,又忽然好像领悟:可以使用最大公倍数的策略。但下课钟已响,我惊出一身冷汗……

张开眼睛,黎明初晓,原来是一场充满焦虑而混乱的梦。我起床准备送孩子上学,但是对于已经进入中年的自己,一个也教授"教育统计学"的教授,竟然还残留着这样的数学梦魇,觉得非常地讶异!于是,我提笔记下。

台湾很久以前就有研究显示[1]，小学生在低年级时对数学仍保持相当正面的态度，但随着年级增加，学生的数学焦虑也愈来愈严重。

我对数学的焦虑起于中学，整个初中生活，从入学考试到毕业，数学始终是一个梦魇。我的运算不精确，解题也很慢，考试成绩都不理想，无论如何苦读都无法突破。有一次，一位爱护我的物理科教师在发考卷时，对我说了一句："詹志禹，你的概念都对，但你的计算都错！"

那个时代，有个"理化实验竞赛"很受重视。学校为培训实验小组，特别挑选五六位学生，容许一段很长的日子不必参与理化正课，却可将三年六册理化课本中的实验从头做到尾，且重复几次。我很幸运是其中的一员，因此对自然科学培养出高度兴趣。当小组获得该项竞赛全省冠军时，我还代表学校领奖。但是，我对于自己是否要选择自然科学这条路，竟始终存疑，唯一的原因就是数学，因为，有人说：数学是科学之母，如果数学不好，自然科学不可能好。我一直犹豫到高中时代，在选组时仍然举棋不定，最后根据自己长久以来语文成绩超越数学成绩的事实，以及喜好文学和写作的特性，判断自己的语文能力超越数学，所以选了文组。

　　大学联考时，我几乎完全放弃数学，联考分数可能是个位数或一二十分。进入大学就读教育科系之后，我以为从此脱离数学的梦魇，不料大一就得必修"教育统计学"，刻板的教学加上难懂的原文教材，统计学对我依旧是一场梦魇。大四为了考研究所，我抱了一本当时号称经典的教育统计学教科书，隐居到一座山上苦读，但始终陷于繁复的计算过程，没有重大突破。

我的数学考得比英文好？

　　我对于教育统计学的开窍，起于硕士班一位林邦杰教授的启发。他深入浅出的解说，不重繁复计算，却重概念理解，让我豁然开朗。更重要的是，为了分析自己的硕士论文、解答自己的研究问题、完善论文的逻辑架构，我不断重新界定问题、验证假设，并为每一个新问题翻遍相关统计书籍，选择适切的分析方式，然后重新跑计算机。有时候为了急于知道重新分析的结果，甚至必须同时操作十几台终端机（当时主计算机跑很慢）。就是这样的过程，让我开始深入理解教育统计学，发现它的灵活与实用，并察觉不同统计分析法之间的概念连结与转换。

当时美国研究所招生考试最常见的一种测验是 GRE，主要考语文（英文）和数学。我花了许多时间准备英文，但考试分数结果却是数学远高于英文，让我首次翻转自我概念：难道我的数学能力强于我的语文能力？

在美国就读博士班之后，我发现大部分教育或心理统计学教授们都强调概念理解与情境应用，不重视计算策略的演练，因为他们都认为：计算的事，计算机最行，人类要超越计算机的地方不在计算，而在理解、应用和创造。

我修了许多统计学相关的课，非常有助于概念连结与澄清，但学到最多统计分析能力的经验仍不是修课，而是问题解决历程。首先，我担任一位老教授的研究助理，他不擅长量化分析，都是向我说明他的研究问题，由我转化成统计假设，跑出计算机分析结果，然后和他一起解释数据。他对研究主题通常很好奇，经常转换提问方式，我就得重拟假设、重跑分析、重新解释数据。当时跑计算机都要写程序，我常日夜耗在计算机实验室，废寝忘食。其次，当时华人学生很多，也常在实证研究或统计分析方面遇到困难，我因此提供免费咨询，有机会遇到形形色色的问题。其中较困难者，我得耗时数日方解，但因此更深入了解统计分析与社会科学研究的关系。

在美国的文化脉络之下，我的数学能力强于语文，最后，我甚至转入"统计与心理测量组"，并在博士论文研究三种统计分析法的比较。回来后，我仍持续量化研究取向，唯反对量化研究的支配性，这是后话。

简单来说，我从经验中发现：

· 数学能力不只一种，但如果过度重视计算能力，忽略概念理解与真实应用能力，扼杀许多数学兴趣。

· 考试出题决定分数高低，数学教师可以用题目难度操控全校平均数为三十分以下或八十分以上。

· 考试成绩掩盖真实能力，但一时的成绩好坏决定不了一辈子的成败。

· 从事科学研究所最需要的数学能力，不是数字计算而是数学思考，所以创造科学的是人类而非计算机。

附注

1. 钟思嘉、林青青、蒋治邦（一九九一）。小学童数学焦虑之形成与原因。教育与心理研究，十四期，页九九～一四〇。

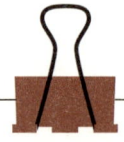

 **数学差点毁掉作家三毛**

已逝的名作家三毛女士,她就读台北某一明星女中时,各科成绩都还不错,但唯独数学最差,因此她非常害怕数学;有一天,她无意中发现数学考题每次都是抄自某本参考书,所以,她就把预计将考的那一部分题目的答案都硬背下来,果然考试卷完全命中那些题目,所以她就得了极高分。

她的数学老师发现她的高分反常,怀疑她作弊,所以又口头抽问了她,果然发现她并不懂计算过程,所以认定她作弊。老师用黑墨水在她脸上画了一副眼镜,并叫她跑操场一圈示众;她一面跑一面哭,眼泪和着墨水流进嘴里;自此她畏惧上学,刚开始时一出家门就晕倒,后来更严重,一系鞋带就晕倒(一种歇斯底里症状),最后只好留在家里足不出户,把自己关在一间斗室里度过数年,学业中断。

> 三毛曾经把她这一段悲剧故事写成一首歌,这一段遭遇,对三毛的影响非常深。幸运的是,她倾听内心的鼓声,展开周游列国的旅程,拥有丰富阅历与开阔的视野,同时透过阅读、自学、旅行,以及与良师益友的交往,终于走出了自己的一片天空。

为何大师培养不出大师？

在某些领域或问题，父母和教师都是专家，但他们却有可能犯下"专家盲点"，让孩子愈听愈不懂，愈学愈没自信。

有一天，我拜访完朋友，正从一栋公寓下楼时，听到屋内母亲在教孩子数学，她生气地说："你怎么那么笨啊！这一题我已经教过你两次了，你怎么还是不懂……"

不只家长，也有教师是这样指导数学的。教师座位旁站着一位小学四年级学生，另外四位站在后方等待。教师说："你写给我看……你又给我这样写了，我刚才才教过你，你又不会了……你就先写这个再写这个啊，你不会吗？我再讲一次，不是问'总共有多少个'吗？然后这里有几个？另外一个有几个……"

可惜一个孩子的数学自信，才读小学就这样被毁了。

相对于儿童,在某些领域或问题,父母和教师都是专家;专家不理解生手,常因不耐烦而成为学习的杀手。

专家善于抽象,却不善浅白说明

生手常遭遇理解方面的困难,最常见的就是抽象度。专家善于将具体事物抽象化,以便得到意义和通则。

听过这故事吗?

"这件事情其实很简单,你把东西分成数组,也许一堆也就够了,如果有缺其他元素,请到别处去拿。东西别堆积太多,否则你会让人感觉生活懒散。机器要小心设定,否则你可能要付出昂贵的代价。程序不会太繁琐,很快就会变成你生活的一部分。程序结束后,东西要摆回适当位置,方便大家取用。"[1]

这故事很难理解吗?它只不过在说明"洗衣服"。

有许多专家一旦完成学习,进入抽象化的理解之后,就忘掉当初自己遭遇的学习困难,忘掉自己如何从具体到抽象的过程,以至于在表达时完全不知道自己的抽象度,只觉得不了解自己说话内容的人都有点儿笨。

专家倚赖符号,却要求生手理解

有许多专家误以为意义(包含讯息、知识和观念等)都可以透过语言或符号,直接输入接收者的大脑或心灵,完全不知道学习者必须主动建构理解。最典型的一个现象之一就是:许多中学语文老师要求学生"背解释"(例如"如醉如痴"的解释就是:"形容对某件事沉湎投入,至浑然忘我的境地。"),而且要求学生一字不漏地背下来,否则考试时就扣分。教师的理由竟然是:"一个词可以有很多解释的方式,你不照课本写,我改卷子时很难评分。"这种独断、懒惰的教师相信许多家长当学生时都碰过,而且还不在少数。随着时代演进,这种类型的教师却依然存在,历史久远。

其实,语词意义视脉络(context)而定。例如:我们可以为"如醉如痴"创造三个脉络来生产三种意义:

· 他用钢琴弹奏着巴哈(Johann S. Bach)的音乐,如醉如痴。

3. 点燃亮点
扩展教与学的新视野

·他吸了毒品之后,走路不稳,思考迟钝,坐在路旁,如醉如痴。

·陈爸爸看这两只流浪犬怪可怜的,就收留了它们,为它们取名:如醉、如痴。想不到过了两天,如醉如痴又带回了三只小犬。

这类创造的游戏可以不断持续,所以语言的意义永远在演化,那么为什么要强迫学生背诵一个僵化的解释呢?而且,强迫学生背解释,也无法强迫学生理解意义。学生对于任何一个语词是否理解,关键在于他能不能变换不同的语词来解释,并且变换不同的情境来应用那个语词。要求背解释,暗示一个词只有一个标准意义,不但独断,而且迫使学生不能自己解释那个语词,等于剥夺学生建构意义的机会。当学生只能回忆一个固定句子来对应一个语词时,可以确认他没有理解那个语词。这么一个落伍的教学方式,竟然可以存在我们的学校当中四、五十年以上。

无论是倾听、阅读或背诵,学习者如果有任何理解,必然是他从语言符号中主动建构出某种意义;没有主动建构意义,就不可能有理解。

专家学问渊博,却忘了初学困难

有一个蛋糕师傅,制作出的蛋糕远近驰名,消费者甚至要在一个月前订购才买得到他做的蛋糕。许多年轻人慕名拜他为师,但几乎所有的学徒都被他骂得很惨,过不了几天就被轰出来。虽然,其中有些案例也许是学徒不用心,但我猜测这位蛋糕师傅大概很难理解初学者的困难。

在大学里有颇多学问渊博的学者,但授课只有独白,而且天马行空回不来;指导论文只有指令,从未让学生自己思考未来。遇到学生提问题,就在心里感叹未得天下英才。

是的,有太多专家或学者,都已忘记自己当初作为初学者的理解过程和思考困难,因为他们克服了这些困难,记忆就掩盖了这些困难。所以,有许多专家学者都不是好老师。太专业而没有耐性的大师,通常都培育不出大师。而耐性,通常来自"观点取替"(perspective-taking)能力,能从初学者的立场理解其不理解的地方。

父母教不会孩子,教师教不会学生,大师培养不出大师,其原因都类似:他们都在成为专家之后,使用抽象逻辑,忘记心理顺序；忘记初学者的思考方式与困难，又误以为透过语言符号就能传输意义；选错策略却又发脾气。无怪乎大师培养不出大师。

 附注

1. 这段话改写自 Bransford, J. D., & Johnson, M. K.(1972). Contextual Prerequisites for understanding: Some investigations of comprehension and recall. Journal of Verbal Learning and Verbal Behavior, 11, 717-726.

你误解"创意"了吗？

什么是创造力？是少数天才独享的恩宠，灵光一闪的瞬间？

或是一种可以学习的技能，需要一个思维更具弹性的教育空间？

在教育界，有创意的老师和校长很多，但误解创意或扼杀创意的教育人员也不少。

在一所中学里，某班学生经由班会讨论、表决，决议将教室设计成海底世界，于是同学们兴高采烈拿着刷子与滚筒，亲手把教室墙壁粉刷成蓝色，准备画上更多海底生物。不料，粉刷当天，校长路过教室。

隔天，班导师就被告知：必须马上粉刷回原来的白色墙面。

以升学压力为借口

虽然升学考试的紧箍咒确实不利于创造力教育的推展，但是，许多人只不过拿升学考试当借口，而惯性及僵化的教育思维，才是最大的阻碍。

一九七六年，升学考试压力比现在大许多倍，当时高中升大学的比率不到现在的三分之一。但在一个高二的男生班级里，同样经由班会讨论表决，决议将教室刷成粉红色，当时确实有同学担心学校禁止粉刷教室墙壁，而且担心颜色太过作怪，但是班导师却非常包容，同学们也就热情投入买油漆、刷墙壁、剪造型、做墙报、贴标语……甚至晚上忙到八、九点钟还不回家。

有天晚上接近十点，气温陡降，班导师突然闯进教室，她一个人手里抱了五、六件外套，就怕同学冻着。大家忙了一周以上，总算完成教室布置，学校也发现有一间教室颜色变得特别显眼，但是，并没有怪罪下来，反而在教室布置比赛中给了第一名。

三十余年后，这个班级在二〇一三年开了一次同学会，这位导师依然到场,她已退休,年逾八十,却对当年同学的优点如数家珍。

同样这一所中学,今天的教学似乎并没有进步很多,有语文科教师告诉中学生作文不要太有创意,也有自然科学教师告诉高中第一类组学生:"你们自习吧!反正你们将来又不考物理、化学或生物。"或是当发现学生学习意愿低落时,告诉同学:"我说我的,随便你们要不要听!"

要考试的科目担心太有创意不利于考试,总是以为应付考试的最佳方式,就是叫学生背、背、背,不断重复练习、过度练习。不必考试的科目,也没有因为免除考试压力而发挥创意,反而是被牺牲。十二年教育的改革,也许少了某些升学考试,但如果没有改变这些僵化、习惯性的思维,终究是要功亏一篑。

以为"创意"就是"怪异"

台湾教育主管部门从二〇〇二年公布《创造力教育》,以打造创造力区域(ROC –Republic of Creativity)为愿景,随即推动约近七年的"创造力教育中程计划"。二〇一一年,再度启动为期四年的"未来想象与创意人才培育计划",但是努力多年,虽然僵化氛围有所松动,在教育现场当中,却仍然存在着许多迷思与障碍。

有位明星中学的教师在班级网站上提醒学生说:基本学力测验的作文,主要在测学生的基本能力,例如错别字、文法修辞、文章结构等,请同学们不要太有"创意"。可能这位教师以为"创意"就是"怪异",怕学生在用字、修辞或文体方面作怪。其实,一篇作文最重要的创意,必须发挥在理念、风格、故事与表达技巧,而且必须具有适切、美感、说服力等质量,并不是怪异而已。

类似这位教师的警告,不但传达一种对于"创意"的错误概念,而且打消许多学生尝试创意的勇气,难怪许多升学考试当中的作文评阅教师常常感叹:大部分作文都没有什么创意,读起来很八股、很无趣。

大部分研究创造力的学者都同意:创造性思考在创意发想或脑力激荡的初期,以求新、求变、求量为主要目标,不忌讳怪异、错误或违反常理。但在创意收敛、决策选择、生产作品的后期,自然必须带进质量评估、真假判断、观念适切性或道德伦理考虑。换句话说,创造思考离不开质与量,离不开真、善、美;创造思考与批判思考、问题解决、领域知识、社会关怀、人生智慧等特质更是息息相关。

以为只有少数领域需要创造力

许多人听到"创造力",只想到艺术创作,顶多再想到科技发明。

但仔细思考就会发现:每一个知识领域的进步,都是来自于一群人分工合作的创造成果。因此,也都需要选择有创意潜能的新秀人才进入该领域,才能保持该领域的持续创造与进步。换句话说,每一个领域都有进步的压力,都有创造的潜能,也都需要创意人才。

虽然对于"创意人才"的需求不限领域,但有关创造力(尤其涉及某项作品或产品是否具有创意)的评量、评审指标,例如"新颖、独特"等,在某种抽象层次上也许是领域共通的,但其具体内涵却是领域特定的,必须由该领域专家自行判断。例如一个计算机程序是否新颖，和一个广告设计是否新颖，其具体内涵不同，应该由信息科学领域专家和广告领域专家，分别根据该领域的知识基础与发展状况进行判断，无法由创造力学者统一判断。

以为只有少数天才具有创造力

传统观念以为创造力属于资赋优异者或少数天才的专利品，并将有关创造力的研究归属于"特殊教育"领域。但创造力正如智力、思考能力、判断能力等概念，并不是一个"全有或全无"的问题，而是一个渐变、量变、程度高低的问题。换句话说，每一个人都具有或多或少的创意潜能，每一个人都在某一个领域拥有某种程度的创造力，只是程度不同，存在个别差异。

以为"创意人才"从小就不平凡，很容易被观察出来

有些人以为"创意人才"可能小时了了、与众不同、成

就杰出、很容易被辨认。其实，许多杰出创造性人物小时候、甚至到青年时代都很平凡，例如毕加索在读、写、算方面有学习困难，非常憎恶学校，除非父亲陪伴在侧，否则他根本不愿上学；即使到学校上学，也表现得很差；最后，只能靠着走后门的人情、大量的个别化指导、甚至坦承作弊，才勉强小学毕业。

他在青年时期曾经遵从父意前往巴塞隆纳（Barcelona）的一间学院就读，仍然适应不良，稍后又接受叔叔的资助，转入马德里（Madrid）另一间美术学院就读，也依然对学校非常疏离，终究黯然离开。

又如爱因斯坦的童年其实相当平凡，甚至有一点适应不良；他的适应不良，其实是一个自由思考者面对强烈束缚的环境时常有的现象。他的青少年与青年时代，从外在成就看起来，也相当平凡，因为，他第一次投考苏黎世理工学院未被录取，第二年卷土重来进入大学后，也没有遇到显赫的名师，大学毕业后想谋教职也被拒绝，没有人看出这一个青年的非凡潜能。

所以，"创意人才"虽然拥有某些创造力的潜能，并且比较可能在某一个领域发展成为杰出创造性人物，但这些只是潜能，不容易被辨认或被承认。选才机构若非有伯乐，恐怕经常会错失良才。

 杰出发明人高发育先生

通常谈到创造、发明，人们总是想到爱迪生、爱因斯坦等人，但这些人物毕竟是西洋的、历史性的人物，似乎离我们很遥远。其实一些本土的、现代的、生活在我们周遭的发明家故事，或许没有爱迪生的故事那么伟大，但却更真实、更亲切、更贴近我们的生活，台湾杰出的发明人高发育先生就是一个例子。

高发育出生于基隆六堵地区，至今仍定居于六堵。曾多次获台湾发明展金头脑奖、德国纽仑堡（Nürnberg）国际发明展银牌奖、瑞士日内瓦（Geneva）国际发明展银牌奖等各种奖项，在同业间赢得"发明高"的外号。

在高发育众多的发明产品当中，最广为使用并且造福人群的一项作品，是"杆状物自动印刷包装机"，这项发明现为各种饮料与超商企业所采用，例如常见有包装、包装上印有文字的免洗筷、吸管等物品，就是出自于他的创想。除此之外，还有咖啡研磨机等多项作品。特别值得一提的是"槟榔切割机"，高发育在辛苦研发这台能快速而准确地切割槟榔的机器后，考虑到槟榔的害处与发明者的社会责任，毅然决定销毁作品，严拒数百万金钱的诱惑。

儿时的高发育相当顽皮，常常为了好奇，把玩具拆开来观察，再设法组合回去。有时因为零件坏掉，无法将玩具复原，就会挨骂。小学时期的高发育，很喜欢观察专门收集破铜烂铁的人，向他们买坏掉的家电如电饭锅、电扇等回家玩，回家后将它们全都拆解，取出可用的零件，竟能组合出一台功能完好的电饭锅。后来他累积的经验多了，就会修理许多杂七杂八的东西。拥有这般好奇的心灵、观察的眼睛，奠定了小小高发育擅长思考与动手操作的实作能力。

童年时代的好奇与探索，加上学校学习的一些基本知识，可能尚不足以让高发育成为杰出发明家。进入社会之后，他早期的工作是帮人家车东西、打样品，有助于他获得设计与技术方面的知识。他后期的工作，是接案子帮人家申请专利，有助于他了解传统产品与各种创新产品的问题与特性。他喜欢出国旅行、观摩他国发明展，让他掌握同行中较为先进的趋势与较具市场性的讯息。这些从观摩、从做中学所获得的知识与能力，对高发育的研发与营销工作，似乎有较直接的影响。

　　研发历程不仅需要从生活中发现问题，更需以无比的恒心与毅力，不断尝试错误、反复思考，才能克服创造过程中的种种挫折。高发育说："我为了设计咖啡机，咖啡喝到上瘾，全心投入。为了设计每一件产品，就必须要彻底去了解它，如果没有彻底了解，那么设计出来的作品就不会是一个很好的作品。"有一次，为了想要做一样产品，高发育画设计图画了五天五夜没睡觉，他说："也不知道时间的流逝，看到日历才知道几月几日。"

　　要让好创意冒出头，有时需要等待。以筷子包装机为例,由于当时碗筷都是由人工清洗,所以高发育花下大笔资金完成设计后,市场很小,差点破产。直到政府着手于 B 型肝炎的研究与防治,高发育亲自到餐厅面店推销免洗筷,并且提供餐厅老板们免费试用。刚开始只有几间餐厅采用,渐渐的,其他餐厅争相效法,便打开了免洗筷的市场。

懂得发明又懂得营销的人并不多,因为这是两种不同的智慧。由此我们可以推测,这世界上有许多"良好"的作品,因为得不到良好的营销,却只能寂寞而终,不为世人所知,终究无法列入"创造"或"发明"之林。

回顾高发育的发明生涯,虽然似乎相当孤单又辛苦,但他并不觉得寂寞,原因是:他一旦投入工作或问题解决的思考,就相当忘我,常有废寝忘食的经验,他说:"一旦解决问题,找到答案就快乐了。"

本文整理自詹志禹(二〇〇〇)。杰出发明人高发育先生的故事。教育研究,八十期,页七一~七六。

如何谋杀"爱因斯坦"?

"爱因斯坦"不只是一个人,而是一个科学、智慧、思考和想象力的象征。现在有没有潜在的"爱因斯坦"?当然有,只是我们可能不知不觉中正在谋杀"爱因斯坦"!

谈到科学、智慧、思考或想象力,人们经常想到爱因斯坦。这也难怪,因为曾经有某项调查显示,在二十世纪的著名人物当中,爱因斯坦是当代大学生最熟知的一位。

爱因斯坦从童年时代到大学生活,拥有许多我们也许不太相信的超凡特质、表现和行为。但如果我们从他身上抹除这些特质、表现和行为,爱因斯坦还会是"爱因斯坦"吗?

谋杀爱因斯坦的七种方法

1. 叫他不要大惊小怪、问些"愚蠢"的问题：

童年时代的爱因斯坦非常好奇，对许多周遭平凡的事物常感惊讶。

例如：为什么罗盘的指针总是指着南北向？为什么物体总是向下掉落而月亮却不掉下来？为什么三角形三边的高竟然会相交于一点等等。禁止他的好奇，或嘲笑他的问题，将可有效地谋杀他。

2. 叫他实际一点，不要"胡思乱想、做白日梦"：

中学时代的爱因斯坦颇具想象力，例如：他会想象一个人与一道光束平行运动时，会出现什么情况。长大之后的爱因斯坦仍然强调想象力，曾说"我的幻想天分比我汲取实际知识的才能更为重要"[1]，并长期仰赖"思考实验"（thought experiment）进行推理与辩论。

例如：他曾想象光速列车、光速宇宙飞船，以及断裂落下的电梯等情境，以分析"观测""参考系统""相对速度"与"同时性"等问题；他与量子论多位学者的辩论[2]，也常涉及思考实验。所以，从小抑制他想象力的发展与运用，应可有效地谋杀他。

3. 叫他少读闲书，最好多花点心思在考试：

爱因斯坦喜欢读课外书，尤其是在青少年时代，特别迷上关于科学的畅销书，他从这些"科普"书籍汲取大量的知识与科学世界观。

另一方面，爱因斯坦和一般学生一样，并不喜欢考试，他回忆起有一次学校的考试，说道："在我通过最后的考试之后，我会发现我有一整年对任何科学问题倒尽了胃口"[3]。

如果爱因斯坦像许多台湾学生一样，完全不读课外书，只专心应付考试得高分，不晓得能不能成为"爱因斯坦"？根据国际数理教育评鉴（ＩＡＥＰ）的结果发现：台湾地区学生的数理考试成绩表现还不错，在全世界名列前茅，但是很少读课外书籍，在阅读课外书籍的时间和册数方面都远远落后其他地区，我们是不是正在谋杀"爱因斯坦"？

4. 嘲笑他的语文能力，对他的语文表现不耐烦：

爱因斯坦幼年时期较晚开始说话，说话速度相当缓慢，即使进入了中学时代，仍常因记不住外国语的单字而苦恼，所以他对语文领域的兴趣不大，能力也不强，却擅于撰写科学方面的文章（其论述简洁、清晰又漂亮）。

如果老师或父母经常强调语文能力的重要，同时又嘲笑爱因斯坦的语文能力或对他的语文表现不耐烦，当可促使他发展出强烈的自卑感；如果进一步强迫他当律师赚大钱，谋杀效果会更彻底。

反过来说，如果您有一个孩子和小爱因斯坦类似，那么，以今天多元智能理论的观点来看，则应引导他（她）使用"心像"（mental imagery）、空间推理和数学逻辑这些强势智能，去带动语言学习或克服其困难。

5. 如果他不听课或逃课，老师就把他当掉：

爱因斯坦进入瑞士联邦理工学院（ETH Zürich）就读之后，对于某物理学教授的课程颇为厌恶，因为该教授采用自己老师的著作取代古典物理学，却不屑一顾马克斯威尔（J. C. Maxwell）等重要物理学家的著作，因此，爱因斯坦开始旷课。所幸有同学借他笔记看，而且他自修阅读当代各重要物理学家的著作，透过良质的物理学教科书或科普书籍，才得以继续发展物理学的兴趣与潜能。

6. 骂他目中无人、不懂伦理，因为竟敢批评科学巨擘：

爱因斯坦从小对于自己所擅长的科学领域相当自豪，并具有反权威的倾向；他认为科学探索应该勇敢大胆，不怕挑战权威，所以他曾经在早期的一篇论文中强烈批评蒲朗克（M. Planck，量子论先驱，当时德国首屈一指的物理学家），但后来被好朋友所劝阻。他也曾经在某篇报告的初稿中，激烈批评波兹曼（L. Boltzmann）的气体分子论，但后来收回成见。

还好，他的这些大胆、率直的挑战，并未引起当时科学大师的报复或科学社群的排斥，所以他才能继续保有生存、发展的空间。成名后的爱因斯坦，特别是晚年的爱因斯坦，变得非常敦厚谦冲、平易近人[4]。

7. 逼他尽速拿出成就，不断地生产肤浅的分析：

爱因斯坦从瑞士联邦理工学院毕业时，本想留校或到其它大学任教，但被拒绝，所以就到瑞士伯尔尼（Bern）的专利局任职，从事评估新发明的工作，这份工作让他有时间专心投入思考与研究；在后来的回忆当中，他认为这一段日子是一种"拯救"，是他一生当中最快乐的时光。

因为，假如进了大学任教，"学术生涯迫使一个年轻人拿出科学成果，而只有坚强的人才能抗拒肤浅分析的诱惑"[5]。

> **附注**

1. 本文关于爱因斯坦数据，主要参考自：Gardner, H. (1993). Creating mind. 林佩芝（译）(一九九七)。创造心灵：七位大师的创造力剖析。台北：牛顿，页一六四。
2. Brush, S. G. (1988). The history of modern science. Iowa, Ames: Iowa State University Press.
3. Mathews, M. R. (1994). Science teaching: The role of history and philosophy of science. New York: Routledge.
4. Popper, K. (1984). Unended quest. La Salle, I. L.: Open Court.
5. 同注1，页一六九。

本文原刊于教育研究月刊，七七期，页六三~六七。

 语文和数学差点毁掉画家毕加索

读、写、算（Reading、Writing、Arithmetic）涉及语文和数学两大基本能力，在传统上被认为是基础教育的核心。但是，我们若单以此作为孩子成功的标准，那么许多有创造力的大师往往会被定义为失败者。

例如：毕加索从小就不擅于读和写，尤其对数学更感到困难；他在脑海中似乎将数字当成某种意象，而非计量符号。例如：他看到"0"就想到鸽子的两个眼睛，看到"2"就想到鸽子的两个翅膀（西班牙多鸽子，而且毕加索的父亲擅长画鸽子），这种奇特的知觉倾向，显示他长于视觉处理，但短于计量思考。

语文和数学两种智力长久以来占据传统教育的核心地位，例如美国的大学入学性向测验（SAT），一直以"语文＋数学"两种智力为主，世界各国的传统智力测验分数，也都是以"语文＋数学"两种智力为测验项目，偶而加上"空间智力"。所以，无论是哪儿，毕加索在教育上都是属于被淘汰的一群。

因此，如果你要毁掉毕加索，那其实很容易，只要根据他的语文和数学表现，笑他"愚蠢"，骂他"懒惰"，强迫他枯燥地重复练习，或彻底放弃他、对他投以同情的眼光，都是很有效的方式。

语文和数学二大能力，真的有那么核心、那么重要吗？从多元智能理论的观点来看，答案是否定的，因为，根据加纳到目前为止所发现的九大重要而颇为互相独立的智能当中，语文和数学只是其中的两种，假如这两种智能不强，但其它某些智能很强时，孩子照样可以出人头地。

如何用回馈引导学习？

你给孩子的回馈方式，反映你潜藏的教养哲学；你的回馈话语，牵引孩子的学习。但你能分辨回馈的质量吗？

蓝天绿地，你和孩子在一块黄土坡上游玩。你拿起一条黑布帮孩子蒙上眼睛，拿起石头往前走大约五步，在地上画了一个小圆圈，将石头交给孩子，对他说："前方五步远的地方有一个小圆圈，你试试看能不能把石头丢进圆圈中。"这就构成了一个"教与学"的原始型态。

孩子把石头一抛，着地点却和圆圈南辕北辙。你的回馈（feedback）至少有两种可能的选择：

A："你怎么乱丢一气啊！请你向后转！"

B："啊！对不起，我刚刚说的'前方'是我的前方，其实在你的后方！"

这个选择反映你反省的能力。

孩子向后转,又抛了一次,但不到三步远。两种回馈如下:

A:"太近了,用力一点!"

B:"我刚刚说的是大人的五步远,其实大约是你的八步远。"

这个选择反映你进入孩子脑海思考的能力,以及愿意说理的态度。

孩子用力再抛一次,这次石头越过圆圈甚远。三种回馈:

A:"你吃太饱、精力没处发泄啊?"

B:"太远了,小力一点!"

C:"太远了,超过圆圈差不多六步!"

这个选择反映回馈讯息的中性与具体性:A的讯息量最少,且略带嘲讽;B的讯息较中性,但仍模糊;C的讯息量最具体、丰富,且最客观。

孩子再抛一次,这次石头距离圆圈不远,但稍微偏右。三种回馈:

A:"你真棒!快要投进了!"

B:"你比你哥哥还厉害,投第四次就这么接近。"

C："你进步真快,下次向左偏大约三公分可能就投进了。"

这个选择反映赞美孩子的策略和背后哲学：A 在评价人,且讯息模糊；B 喜欢作人际比较,且讯息模糊；C 重视学习者的自我比较,且提供具体的改善方向与讯息,是最佳反应。

孩子又抛了一次,但偏左,还是没投进,于是意兴阑珊地说："我不玩了！"你的反应选择有：

A："你才失败这么几次就放弃,怎么这么没有毅力！"

B："行百里者半九十,你快要成功了！怎么可以放弃？继续加油！"

C："学习任何事物都要有恒心和毅力,你继续投！投不进圆圈里,今天中午你就别吃午餐了。"

D："再试一试。你每投进圆圈里一次,我就给你五块钱,累积五次,我就给你五十元。"

E："你自己决定要不要继续玩,或休息一会儿再回来玩,或改天再玩。"

F："你要不要自己画圆圈？自己画大一点或小一点或远一点或近一点,然后再蒙眼睛试试看。"

G："你要不要找小明和小华来一起玩？他们没玩过,搞不好觉得很新鲜！"

H："猜猜看！如果我们一次投三颗石头，会不会比较容易投进去？……是球形的、扁平的还是方形的石头比较容易投进去？你猜……要不要试试看？"除了变化石头形状之外，当然也可以变化圆圈形状成方形、菱形……或者变化石头材质成木头、树枝等。

I："我来讲一个故事给你听。很久以前，有一个国王，他住在这个城里（用手画一个圆圈），但他很喜欢战争，常去侵略别的国家，他占领了一个城又一个城（继续画了两个圆圈），其中这一座是你的。现在他总共拥有三座城堡，但他很暴虐，经常杀害无辜的百姓，并将你的父母和兄弟姊妹都关在最里面这座城堡里。你是唯一逃出来的王子，准备回去复仇，并救出你的家人。你将石头投进圆圈里，就代表你攻破城堡，你必须依序攻破这三座城堡，才能救出你的家人……"故事可以依性别、年龄等因素改成海盗寻宝等不同情节，则"圆圈"和"投进"的故事意义就不一样。

J："这个游戏可以让你练习控制手臂的平衡感、稳定度和准确度，对你将来写书法、打乒乓球、打篮球等，都很有帮助呢！"

以上选择，反映你如何处理学习动机的问题和隐含的教养哲学：

·A 想用负面指责来刺激学习动机，可惜常带来更多负面抗拒。

·B 想用正面鼓励来维持学习动机，虽然立意颇佳，可惜落入俗套，孩子可感觉到善意，但可能动机不强。

·C 则带出教训，继之以惩罚威胁，其立即效果可能比前两者都强，但会使学习者恨透这个游戏。

·D 则仰赖酬赏，其立即效果也可能颇强，但会侵蚀学习者对这个游戏的内在动机，把游戏变工作，一旦停止酬赏，工作也就停止。

·E 非常重视孩子的自主选择，让孩子自己决定学习的时机与进度，比较不会破坏孩子对此游戏或学习的内在动机。

·F 有 E 的精神且更积极，重点在于让孩子自己选择并决定学习目标的难度。

·G 了解人性喜欢社会互动,希望透过"好朋友一起玩"的社群氛围来重新引发学习动机。

·H 善于运用"假设——验证"的探究历程,希望透过猜测来引发好奇和重燃学习动机。

·I 从学习者的观点来为学习情境创造意义,希望透过意义感的建构来引发学习动机,而讲故事只是其中一种策略,故事叙说过程也可以共创。

·J 是成人观点的功能取向,或许可以说服年纪较大且较务实的学习者,但对年轻的孩子而言则显得遥远而牵强。

就背后哲学而言,A 和 B 来自传统文化,C 和 D 暗含"行为论",E、F、G 植基于"自我决定理论",H 有认知心理学和科学精神,I 较具建构论色彩,J 是功效主义。

你若问我的选择,我建议先采 F、G、H 或 I,若皆无效后则采 E。

独学不如共学

孩子要求和同学一起读书,家长该容许或禁止?

孩子的学习与家庭氛围有何关联?

年轻人社群共学可能成为学者社群或思想家学派的雏形吗?

小学生下课时间,操场一片热闹,场边的游戏器材却孤零零的,没有人要玩。但当有小朋友开始把玩后,人就愈聚愈多,甚至抢起游戏器材。原本没有人要玩的器材,为什么会突然变得抢手?

读中学的孩子说要和同学去某风景区旅行,但不久前他还说那个地方已经去了很多次,厌倦了。风景不变,这次的不同在哪里?

事对的时候,人可以自得其乐;但人对的时候,独乐乐不如众乐乐;风景对的时候,真希望有所爱的人共享。学习或读书，也有同样的道理。

许多人都有过这种经验：一个人在家里读"有需要但没兴趣"的书（例如考试用书）时，虽然想用功苦读，但就是无法开始，只想上网、开冰箱、看电视、打电话、拖拖拉拉。等到下定决心翻开课本，时间已经过了大半。读没几页，又想休息，心里有罪恶感，还得找个好借口。所以，有些要准备考试的年轻人会邀约几个目标相同的朋友，一起到图书馆或空教室读书，甚至一起租屋苦读。这种友群共读，会塑造一种学习氛围，维持读书动机。

许多家长面对孩子要求和朋友一起读书时，往往质疑其学习效果，其实，若认同友群共读的理念，家长应该容许或甚至鼓励（除非孩子说谎，但这是另一个议题）。

氛围对了，动机就来了

许多家长自己守着电视，声音放得很大，却赶孩子进房间读书，结果常抱怨孩子不专心、不爱读书、没有培养出阅读兴趣，其实是家庭氛围不对，很难支持读书动机。父母如果关掉电视，拿起感兴趣的书本，享受阅读，像个书虫，那么孩子八成也会像个书虫；甚至父母必须反过来担心孩子读书过度专心、伤害眼睛。这不只是示范的效果，而是氛围的效果。如果父母本身关不掉电视，那最好不要期待孩子能够独立关在书房里勤奋读书。

其实，许多教师提倡阅读运动，也发现嘴巴说破都没用。但教师自己下课时间留在教室读书时，孩子却好奇地围过来探看老师读些什么书，甚至听到老师分享阅读乐趣，还会拿起课外书一起读。这并不只是示范，而是读书的趣味像病毒一样会传染，而形成一种自然浑成的氛围。

许多大学生透过组织读书会来分享知识或交换观念，因而产生次文化，形塑知识氛围，促发自主动机，奠定终身学习基础。台湾的社区大学更有趣，因为社大并不授予学位，却吸引许多成人投入学习。在各种吸引力当中，最明显的一种是"社群氛围"：师生之间建立亦师亦友的关系，同学之间建立友善、合作的共学关系，甚至家人之间也进入同一班级成为同学，相互支持，一起成长。换句话说，他们透过学习而与他人产生有意义的关联（relatedness），成为学习的内在动机。

爱因斯坦也组读书会

从心理学家德西（Edward L. Deci）等人的"自我决定理论"（self-determination theory）来看，人类寻求与他人产生有意义的关联，是天生的三大基本需求之一。所以，学习历程如果能提供机会让学习者与他人产生有意义的关联，这种学习就比较可能促发内在动机，这是普世现象。爱因斯坦在瑞士联邦理工学院毕业之后，曾经组织了一个读书会，昵称为"奥林匹亚"。他经常与几个好朋友聚会讨论，制订读书计划，有系统地阅读哲学与科学著作，并一起旅行、野营、游泳与激辩。这群成员后来有许多人成为杰出科学家。弗洛伊德在开创心理分析学派时期，首先组织了一个也是类似读书会的"星期三心理学会"，每星期三聚会一次，提供心理医师分享、讨论和分析临床案例的机会。这个学会后来经过近十年的经营与演变，竟逐渐扩大成为"国际心理分析协会"。

学者也需要学习共同体

对学者来说，不管是"协会"或"学会"，都是一种支持学术探究（也是一种学习历程）的社群互动。社会学家柯林斯（Randall Collins）曾经分析欧美、中国和印度等地的古今知识分子，发现思想和学派都是仪式化互动的创造性成果。所谓"仪式"，意指发生于日常生活中、重复的、相同型态的事件；而思想学派的"互动仪式"，则包含六种要素：

- 一群人（至少两人）可以从事面对面的互动。
- 他们的焦点集中，注意相同的议题、对象或行动。
- 他们共享某种情绪或心情。
- 他们交互调频，透过互动的回馈，注意力更集中，情绪互相刺激、强化并累积，团体界限逐渐形成。
- 他们形成认同感、隶属感和某些象征符号，使用这些符号来思考和对话。他们的符号充满社会意义，会提醒认同感并暗示一连串的行动或活动；常被使用的符号变成这个团体的文化资本，不常被使用的符号会被淘汰。
- 他们获取情绪能量的程度，视参与互动的强度而定。

成员会将情绪能量带到其他团体,并在能量不足时,回到团体得到充电。

由此可见,互动、分享、交换观念、交互支持、社群共学、氛围形塑和文化孕育等社会性关联,不只是学生也是学者的需求与资源;不只支持学习动机,也支持知识探究与文化创造。

近来台湾地区推动日本学者佐藤学的"学习共同体"教育理念,有些大学推动"书院教育",某些网站提供知识社群,这些都是以社群共学、氛围形塑和文化孕育为关键元素。父母若要孕育家庭的学习氛围,先要自己喜欢学习,然后发展"互动仪式",孩子则要慎选朋友来建构自己的共学社群。

尾声

陪年轻人寻找生命的主题

无论父母或孩子，若能找到一个有意义的生命主题，自信而忘我地投入，生命就会变年轻，离开时会变潇洒……

二十多年前，我在美国读博士班时，观察美国社会的年轻人，就曾经产生一个重大的疑问：他们比台湾的年轻人更富有、自由和享乐，但为什么不见得更快乐？为什么吸毒的人很多？为什么抱怨的人很多？

回台后这二十多年来，我观察台湾社会的发展，再度产生一个重大的疑问：难道一个社会系统真的必循某些阶段来复制演化？难道台湾年轻人的文化真的必须步入美国文化的后尘？

从生命的召唤到时代的召唤

在《迈向目的之路——帮助孩子发现内心的召唤》（The Path to Purpose —Helping Our Children Find Their Calling in

Life）这本书中，作者戴蒙（William Damon）发现美国有四种类型的年轻人：对外在世界漠不关心的疏离者，以及只有想法没有行动的空想者，约各占25％；兴趣短暂而浮动的半吊子约占31％；长期献身投入有兴趣、有意义的行动而拥有目的感的年轻人，只占20％。

在台湾，升学考试导向愈强的中学，愈是培育疏离社会与环境的青少年，因为家长与学校大多要求孩子专心读书、应付考试，不希望孩子太关心社会、参与行动。有些家长与学校会鼓励孩子"关心社会"，因为社会科考试也许会出"时事题"或作文题目也许用得到。有些家长与学校会安排孩子参与社会服务，只为了志工经验的纪录也许有助于甄选入学。工具性目的过强，恰恰摧毁了事物的内在趣味与行动的深层意义；考试或甄选一结束，行动也就消失，所以也就只能培养出空想者或半吊子。

大学虽然提供较多的探索与选择机会，也发展通识教育处理生命的意义，但整体高教的氛围，在市场就业导向与功利绩效管理的推波助澜之下，大部分教师仍偏重研究工作与知识讲授，较少碰触年轻人的人生意义与价值观问题。许多单位只强调高考、证照考试与就业考试等，却忘掉知识的趣味；只追求工作的机会，却忘掉工作的意义。所以，许多年轻人即使到了大学毕业，仍然不知道自己的人生所为何来。

综观各阶段教育系统，只有部分社区大学在社会参与和公民实践这个层面做得比较好，难怪台湾前行政主管部门青辅会在二〇〇九年做了一个"青年暨少年趋势调查"时发现：61%的青年暨少年（十五至四五岁）对社会参与"都没兴趣"，71%的人"都没参与"，其中对政治团体尤其避之唯恐不及，参与者只有大约1%。这个图像和戴蒙在书中所担心与描述的美国年轻人图像极为相似。

一首完美的交响曲：知、情、意的齐奏和鸣

我长期研究杰出创造性人物，研究观点颇受葛鲁柏（Howard E. Gruber）的演化系统观点所影响。葛鲁柏花了很多时间研究达尔文，他发现杰出的创意作品或创造性成就，不是来自一个顿悟或神秘的缪思，而是来自经年累月的发展、进步与演化；杰出创造性人物的成功，需要长期协调自己内在的知识系统、情感系统和目的系统，才能克服内外环境的许多困难，完成杰出的成就。这三个系统和一般人所熟知的知、情、意三个概念颇为相通。

就知识系统而言，个体要长期善用一些核心概念、原则、主题、哲学或思考形式，并加以重组和转化，例如富兰克林（Benjamin Franklin）长久使用的核心概念包括守恒、均衡、循环、原子论、吸引与排斥、热与电的物质概念、大气组成的静态观等；又如达尔文在其庞大的知识系统与多领域的著作成果当中，始终采取渐进主义作为思考形式；经验哲学家洛克（John Locke）经常使用"蜡版"来比喻心灵等。由于概念有复制、重组和转化，所以，知识系统会演化，透过演化历程的蝴蝶效应，微小的变异可以发展成巨大的概念革命。

葛鲁柏对于情感系统的着墨较少，我综合相关研究发现，对一个杰出创造性人物而言，情感系统当中最重要的是：稳定的生活情绪、正向的人际情感，与忘我的工作热情。生活情绪稳定，比较不会干扰思考与工作；人际情感积极正向，可以提供情绪充电与交互支持；工作热情专注投入，可以忘记自我、糖衣与挫折，虽觉辛苦但又感到享受，虽无获利却又获得意义感与成就感。

在目的系统方面，个体的终极关怀通常很高、很遥远、很抽象，因此必须铺陈许多阶段性目标，并逐一加以克服；在这过程当中，困难、延迟、错误皆在所难免，因此必须自我管理工作方式，并维持一个方向感，例如使用初始构想，并随着工作的发展而修改构想，但始终拥有一个属于自己的生命主题。

知、情、意三大系统的整合，很像一首交响曲，有音律、有调性、有主题，但却是谐和的一体。人一生的成败，决定于是否整合工作、生活与生命的需求，以长期调和的方式来演化。这超越了知识，成为智慧。

踏上自己的英雄旅程

我观察过许多大学生的案例，有些在校成绩名列前茅，甚至课外活动表现也惹人羡慕，但是毕业之后的发展却极为平凡；有些在校成绩平凡，甚至课外活动表现也不突出，但是毕业之后的发展却成就非凡。可见，两者的关键差异似乎不在于成绩与课外活动，而在于谁能长期调和知、情、意三大系统，追求一个属于自己的生命主题。成绩与课外活动只能作为这个主题的一种养分或过眼烟云。

其实，何止年轻人？多少中、老年人都还缺乏一个生命的主题？也缺乏自信长期投入一个有意义的行动来创造改变？找到一个有意义的生命主题，自信而忘我地投入，生命会变年轻，离开时会变潇洒。

（本文节录自：《迈向目的之路——帮助孩子发现内心的召唤》导读推荐，亲子天下出版。）

图书在版编目(CIP)数据

发现孩子的亮点 / 詹志禹著. -- 武汉：长江少年儿童出版社, 2016.7
ISBN 978-7-5560-2224-3

Ⅰ.①发… Ⅱ.①詹… Ⅲ.①家庭教育 Ⅳ.①G78

中国版本图书馆CIP数据核字（2015）第029693号
著作权合同登记号：图字17-2014-331

《发现孩子的亮点》
版权所有@詹志禹
本书版权经由天下杂志股份有限公司授权
海豚传媒股份有限公司出版简体版权，
委任安伯文化事业有限公司代理授权，
由长江少年儿童出版社独家出版发行，非经书面同意，
不得以任何形式任意重制、转载。
版权所有，侵权必究。

发现孩子的亮点

詹志禹 / 著
责任编辑 / 傅一新　佟一　文佳
装帧设计 / 刘芳苇
美术编辑 / 周艺霖
出版发行 / 长江少年儿童出版社
经销 / 全国新华书店
印刷 / 广州汇隆印刷有限公司
开本 / 880×1230　1 / 32　6.75印张
版次 / 2016年7月第1版第1次印刷
书号 / ISBN 978-7-5560-2224-3
定价 / 36.00元

策划 / 海豚传媒股份有限公司
网址 / www.dolphinmedia.cn　邮箱 / dolphinmedia@vip.163.com
阅读咨询热线 / 027-87391723　销售热线 / 027-87396822
海豚传媒常年法律顾问 / 湖北珞珈律师事务所　王清　027-68754966-227

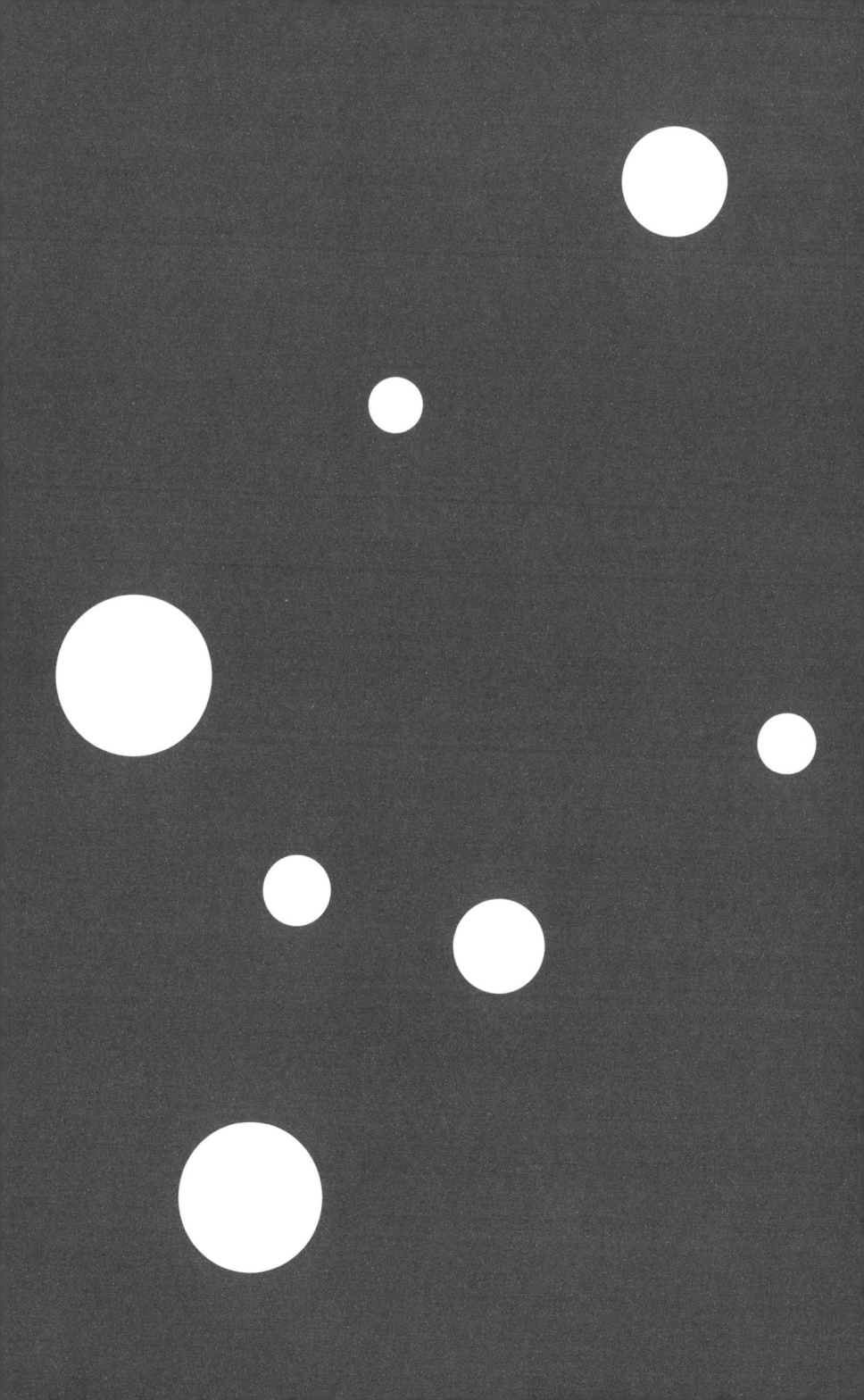

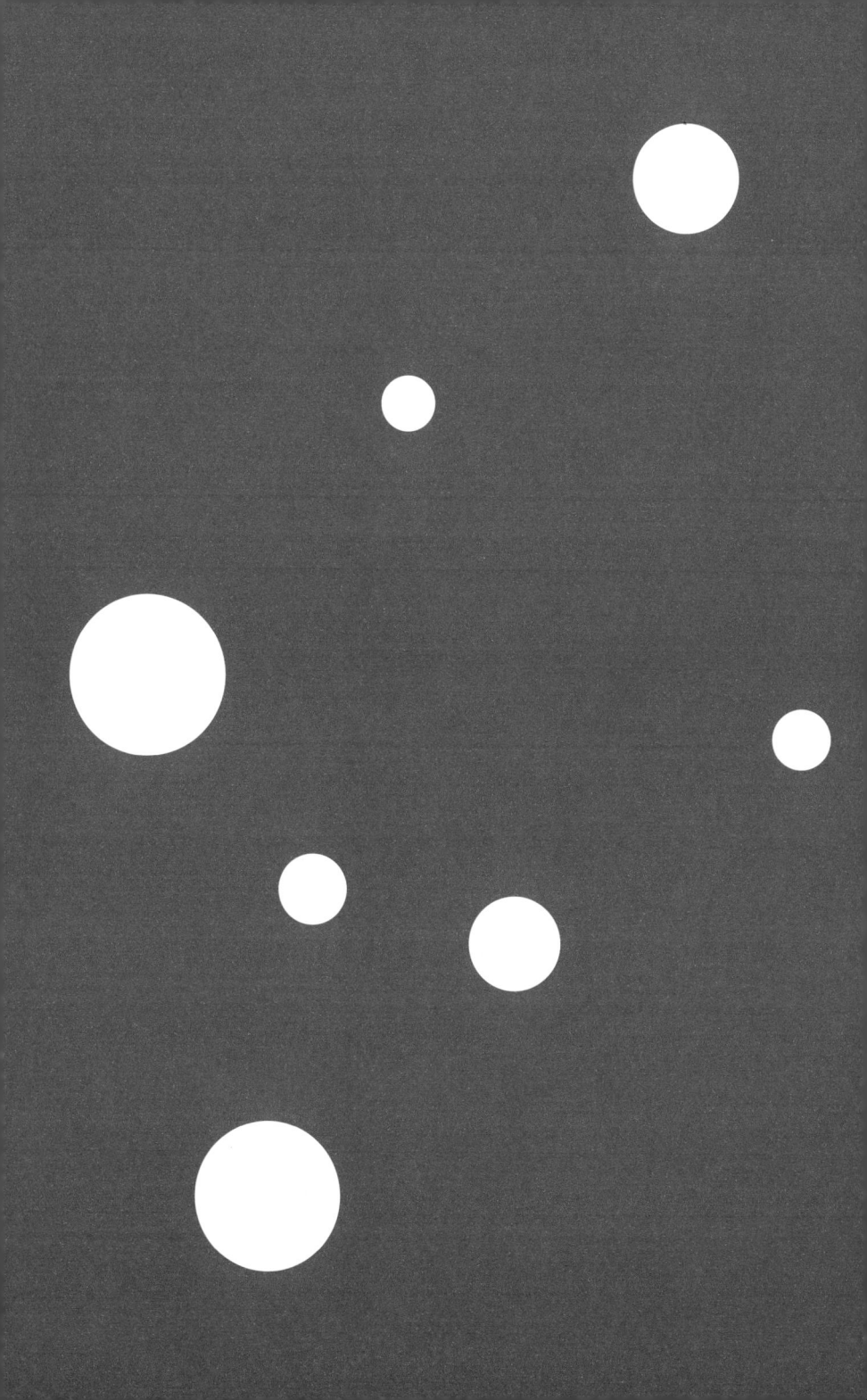